세계 역사를 바꾼 전쟁 이야기

세계 역사를 바꾼 전쟁 이야기

2017년 12월 4일 초판 1쇄 인쇄
2017년 12월 8일 초판 1쇄 발행

글 김성재 / 그림 정연주
펴낸이 이철규 / 펴낸곳 북스
편집 김세영 / 편집디자인 박근영 / 마케팅 이종한

편집부 02-336-7634 / 영업부 02-336-7613 / FAX 02-336-7614
홈페이지 http://www.vooxs.kr / 등록번호 제 313-2004-00245호 / 등록일자 2004년 10월 18일

주소 서울특별시 광진구 동일로 4길 32, 2층
값 11,000원
ISBN 978-89-6519-002-8 74920
      978-89-6519-003-5 (세트)

잘못된 서적은 구입하신 서점에서 교환하여 드립니다.
이 책은 저작권법에 의해 보호를 받는 저작물이므로 불법 복제와
스캔 등 무단 전재 및 유포·공유를 금합니다.

세계 역사를 바꾼 전쟁 이야기 세계사 편

[vooxs 북스]

머리말_ 전쟁을 통한 역사 상식 쌓기

최초의 동·서양 충돌 페르시아 전쟁부터 2차 세계 대전까지

서양의 문화를 알려면 두 권의 책은 꼭 읽어야 한다고 합니다. 〈그리스·로마 신화〉와 〈성경〉입니다. 이 두 권의 책 속에는 서양문화의 뿌리가 담겨져 있습니다. 그만큼 그리스와 로마는 찬란한 문화를 꽃피웁니다. 하지만 이들도 이 문화를 지키기 위해 크고 작은 수많은 전쟁을 하게 됩니다. 결국 그리스와 로마도 전쟁을 통해 문화를 지켜왔고 발전시켜 나갑니다.

전쟁은 갈등에서 오고, 이런 갈등을 통해 새로운 역사가 만들어집니다. 낡은 것과 새로운 것이 서로 싸우고 부딪히면서 역사가 발전하게 되지요. 전쟁이 시작되기 전에는 여러 가지 갈등이 생겨납니다. 그 갈등이 곪고 터져서 전쟁으로 발전하는 것입니다.

갈등을 잘 살펴보면 그 때를 살던 사람들의 생각과 생활양식, 문화 등을 잘 알 수 있습니다. 이런 노력을 통해 과거를 이해하고 미래도 대비할 수 있는 것이지요.

이 책은 우리나라와 더불어 살고 있는 유럽과 아메리카 국가들의 전쟁을 다루었습니다. 뿌리 깊은 서양의 역사와 관련이 깊은 전쟁을 시대별로 뽑아 쉽고 자세하게 설명을 붙였습니다.

'건곤일척* 전투 속으로'에서는 생생한 전쟁의 현장을 담았으며, '맞수 대격돌'에서는 전쟁 맞수들의 불꽃 튀는 대결을 담았습니다. '전쟁 속 무기 이야기'에서는 그 시대 첨단을 달렸던 각종 무기에 대한 정보를 그림과 함께 구성했습니다. '역사에서 만약이란'에서는 전쟁의 아쉬웠던 순간을 살펴보았습니다.

이처럼 수많은 전쟁을 통해 역사와 문화를 발전시켜 온 전쟁이야기 서양편을 여러분 앞에 내놓게 되었습니다. 앞으로 살펴볼 17가지 전쟁이야기를 통해 우리 모두가 역사를 바로 살필 줄 아는 역사지킴이가 되었으면 합니다.

그럼 재미있게 읽어주시고 다음에 또 다른 이야기로 찾아뵙겠습니다.

세계평화를 기도하며 김성재

*운명을 걸고 단판걸이로 승부를 겨룬다는 뜻입니다.

차례

머리말_ 전쟁을 통한 역사 상식 쌓기 …6

동·서양 최초의 격돌
페르시아 전쟁 …11

그리스의 주인을 가리자!
23… **펠로폰네소스 전쟁**

대제국을 건설하라!
알렉산더 대왕의 동방 원정 …34

알프스 산맥을 넘어라!
46… **한니발의 포에니 전쟁**

천상천하 로마독존
카이사르의 갈리아 전쟁 …57

성지 예루살렘을 사수하라!
69··· 중세의 성립과 십자군 전쟁

유럽 대륙을 향한 야욕
프랑스와 영국의 백년 전쟁 ···81

여왕 엘리자베스 1세, 무적함대를 꺾다
92··· 영국과 스페인의 전쟁

종교의 자유를 향한 피도 눈물도 없는 싸움
유럽의 30년 전쟁 ···103

북아메리카에서의 재대결
115··· 영국-프랑스 식민지 전쟁

민주주의의 초석을 다지다
미국 독립 전쟁 ···127

민초들의 위대한 저항
137 … **프랑스 대혁명**

다시 타오르는 세계 정복의 야망
나폴레옹 전쟁 … 147

떠오르는 태양 북부와 지는 별 남부의 혈전
158 … **미국 남북전쟁**

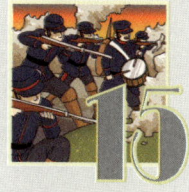
독일을 통일하라!
철혈재상 비스마르크의 보불전쟁 … 169

참혹한 살육의 제국주의 시대
180 … **1차 세계 대전**

세계 최대 비극의 전쟁사
2차 세계 대전 … 192

1 동·서양 최초의 격돌
페르시아 전쟁
기원전 492년~기원전 448년

페르시아 전쟁은 그리스와 페르시아가 에게 해를 사이에 두고 벌인 최초의 동양과 서양 간의 전쟁입니다.

바다를 사이에 두고 평화롭게 지내던 두 나라는 기원전 550년경 페르시아 제국의 키루스 대왕이 이오니아 지방을 정복하면서 문제가 발생합니다.

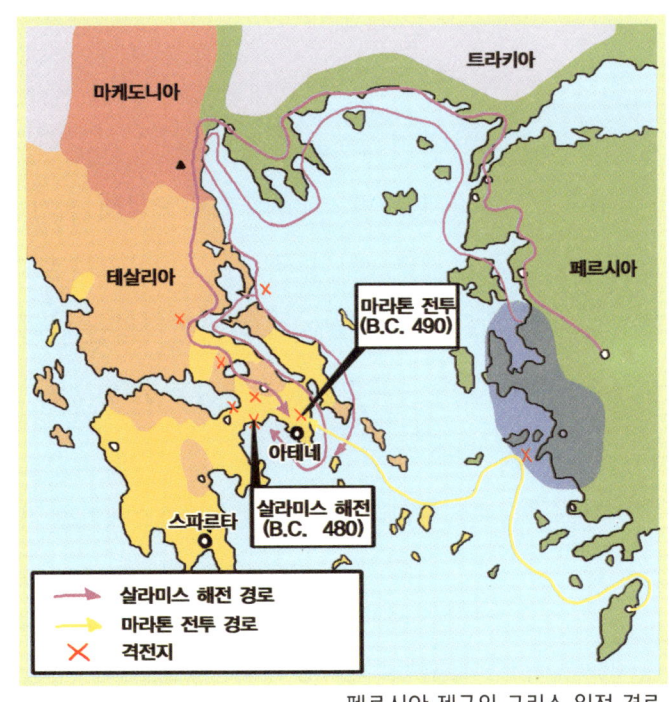

페르시아 제국의 그리스 원정 경로

"야만족 페르시아가 이오니아를 점령했다고?"

"이오니아 지방은 우리 그리스를 따르던 도시국가야. 반드시 되찾아야 돼."

그리스 사람들은 이오니아 지방 사람들에게 페르시아에 대항하여 싸우기를 원했습니다. 자신들도 그리스 사람이라는 자부심이 강했던 이오니아 지방은 마침내 기원전 499년 페르시아에 대항하여 대규모 반란을 일으킵니다.

"페르시아를 몰아내자!"

"그리스에게 영광을!"

이오니아에서 일어난 반란은 기원전 493년까지 이어졌고, 점점 소아시아의 더 많은 지역이 반란에 참가했습니다.

"그리스 놈들이 감히 우릴 건드려!"

반란 소식에 분노한 페르시아의 다리우스 대왕은 기원전 494년에 반란의 중심지인 밀레투스를 공격하고, 이듬해인 493년 반란을 진압합니다.

"이번 기회에 아예 그리스를 정복하겠다."

다리우스 대왕의 명령에 따라 페르시아 군대는 기원전 492년에 처음으로 그리스를 침공합니다. 페르시아 장군 마르도니우스는 트라키아와 마케도니아를 정복하였으나 아토스산에서 페르시아 해군은 폭풍을 만나 모두 침몰하고 맙니다.

"뭐라고? 300척의 배와 2만 명의 병사를 잃었다고?"

"그… 그렇습니다. 폐하."

"이대로 포기할 수 없다. 그리스를 정복할 때까지 계속 군대를 보내라."

페르시아 전쟁
BC 492년부터 BC 448년까지 페르시아 제국이 일으킨 그리스 원정 전쟁입니다. 이에 맞서 그리스의 도시국가들은 페르시아 제국의 공격을 성공적으로 막아냈습니다.

동·서양 최초의 격돌 페르시아 전쟁

기원전 490년에 600척의 갤리선과 20만 명의 군대를 동원하여 그리스로 출발합니다.

"드디어 에게 해를 건넜다."

페르시아 군대는 에게 해를 건너 낙소스로 상륙하여 6일 만에 에레트리아를 함락시킵니다. 도시는 폐허가 되었고 신전들은 파괴당하고 맙니다.

"아테네 놈들은 많아 봐야 만 명 정도의 병력 밖에 없다."

"그리스에 상륙한 이상 페르시아 군대는 무적이다. 아테네로 진격!"

그리스 군대는 바다에서 싸우는 해군이 강했고, 페르시아 군대는 육군이 강했기 때문에 페르시아 군인들은 자신만만했습니다.

"단숨에 무찔러라!"

페르시아 군대는 마라톤 평원에서 그리스군을 향해 공격을 개시합니다. 하지만 전투는 생각대로 되지 않았습니다.

"후퇴하라!"

"도망쳐!!"

페르시아군은 마라톤 전투에서 그리스군에게 결정적인 패배를 당하고 맙니다.

"으… 그리스 따위에게 지다니."

다리우스 대왕은 그리스를 완전히 정복할 계획을 세우는 도중 기원전 486년에 세상을 떠나고 맙니다.

"아버지가 이루지 못한 꿈을 내가 이루고 말겠다."

다리우스 대왕 다음으로 페르시아 제국의 왕에 오른 크세르크세스 1세는 철저하게 그리스 정복 준비를 시작합니다.

"페르시아의 모든 힘을 동원하라."

크세르크세스 1세는 아버지 다리우스 대왕이 한 실수를 되풀이하지 않기 위해 몇 년 동안 철저하게 준비합니다.

"폐하, 기병과 보병을 합해 80만 대군을 준비했습니다."

"좋다. 80만 대군이면 그리스 전체를 불바다로 만들 수 있다. 내가 직접 군대를 이끌고 나가겠다."

크세르크세스 1세는 직접 페르시아 군대를 이끌고, 기원전 480년에 두 번째로 그리스를 침공합니다.

"페르시아 80만 대군이 몰려온다."

페르시아 군대의 침공 사실을 알게 된 그리스는 아테네와 스파르타를 중심으로 연합군을 구성합니다. 아테네는 해군이 강했고, 스파르타는 육군이 강했기 때문에 서로 협력해서 페르시아 군대를 막기로 한 것이죠.

크세르크세스 1세가 이끄는 페르시아 군대는 헬레스폰토스 해협을 건너 그리스로 상륙합니다.

"페르시아 군대가 너무 많아 넓은 평원에서 싸우기는 불리하다."

"맞습니다. 험악한 산악 지형에서 페르시아 군대를 막아야 합니다."

그리스는 중부지방의 좁고 험악한 산악 지역인 테르모필라이에서 페르시아군을 막기로 결정합니다. 그리고 이 방어선은 스파르타의 왕 레오니다스가 이끄는 300명의 스파르타 전사와 그리스 각지에서 모인 4천 명의 병사가 맡기로 합니다.

"바다는 우리 아테네가 맡겠소."

아테네 장군 테미스토클레스가 이끄는 해군은 에우보이아 곶에서 페르시아 해군을 맞서기로 결정합니다.

"폭풍우다!"

"배가 침몰한다!"

동·서양 최초의 격돌 페르시아 전쟁

그리스 해군과 전쟁을 앞둔 페르시아 해군은 운이 없었습니다. 폭풍우를 만나 배가 침몰하는 등 많은 손해를 보고 맙니다.

더구나 페르시아 육군도 테르모퓔라이에서 스파르타 300명의 병사와 그리스군의 격렬한 저항을 받습니다. 페르시아 군대는 좁은 협곡에서 2일 동안 저지당하면서 많은 손실을 보고 맙니다.

하지만 3일째 되는 날, 그리스의 한 배신자가 협곡을 우회하는 샛길을 페르시아군에게 알려주고 맙니다.

"페르시아군이 샛길의 정체를 알았습니다. 후퇴해야 합니다."

"우리는 위대한 스파르타 전사들이다. 죽더라도 여기서 싸워야 한다."

스파르타 왕 레오니다스는 연합군인 그리스인들을 모두 철수시키고, 300명의 스파르타 전사들과 마지막까지 싸우다 전원 전사하고 맙니다.

"이제 그리스 본토를 공격할 차례다!!"

테르모퓔라이에서 승리한 페르시아군은 그리스 본토를 공격하여 기원전 480년 9월경 아테네를 함락시킵니다. 그러나 아테네는 이미 모든 사람들이 떠나고 난 빈 도시였습니다. 스파르타의 왕 레오니다스가 페르시아 군대를 막아 준 시간 동안 수도를 방어하기보다는 시민과 병력을 살라미스 섬으로 이주시킨 아테네의 테미스토클레스의 작전 결과였습니다.

"어차피 승부는 바다에서 난다."

페르시아군은 아테네 시민과 군대가 있는 살라미스 섬을 향해 진격해 들어갔습니다.

"으악! 물살이 너무 거세다."

"배가 말을 듣지 않는다."

"그리스 해군이 쳐들어옵니다."

하지만 페르시아 해군은 살라미스 해전에서 아테네 해군에게 크게 패하게 됩니다. 페르시아 해군의 큰 배는 좁은 살라미스의 바다에서 기동력을 잃었고, 상대적으로 가벼운 그리스 갤리선이 크게 활약한 덕분이었죠.

"폐하, 칼키디키에서 반란이 일어났습니다."

"반… 반란이라고…? 페… 페르시아로 돌아간다."

크세르크세스 1세는 마침 칼키디키에서 일어난 반란으로 그리스에서 고립되는 것을 우려하여 주둔군을 남겨 놓은 채 후퇴하게 됩니다.

힘을 얻은 그리스군은 기원전 479년과 478년에 소스테스와 뷔잔티온에서 페르시아 주둔군을 몰아내고 뮈칼레 전투에서 남은 페르시아 해군을 물리칩니다.

이후, 30년간 페르시아에 대항한 전쟁을 계속하여 유럽에 남은 페르시아 주둔군을 모두 몰아냅니다.

결국 그리스와 페르시아 간의 전쟁은 서로 평화 협정을 맺고서야 끝이 나게 됩니다.

페르시아 전쟁에서 그리스가 페르시아를 이긴 건 기적 같은 일이었습니다. 당시 페르시아는 하나의 나라로 통일이 되어 있었지만 그리스는 작은 도시국가들로 나누어져 있었죠. 하지만 그리스에는 나라를 스스로 지키겠다는 시민들이 있었습니다.

시민들은 마라톤 전투에서 중장보병으로 활약했고, 살라미스 해전에서는 배를 움직였죠. 이들의 목숨을 건 활약 덕분에 그리스가 페르시아를 이기게 된 겁니다.

그리스 도시국가 중 하나인 아테네는 역사상 처음으로 민주주의 정치를 한 나라입니다. 페르시아 전쟁 이후 시민들의 발언권은 더욱 거세져 아테네의 민주주의는 꽃을 피우게 됩니다.

전투명 : 살라미스 해전
전투시기 : 기원전 480년

페르시아 군대를 테르모필라이의 협곡에서 막던 스파르타의 왕 레오니다스의 전사 소식이 아테네에 전해지자 시민들은 겁에 질립니다.

"여러분! 제 말을 들으십시오. 페르시아군이 오기 전에 모두 살라미스 섬으로 옮기십시오. 우리 아테네 해군이 페르시아군을 물리쳐 보이겠습니다."

아테네 시민들은 테미스토클레스 장군의 말에 따라 모두 살라미스 섬으로 옮겨 갑니다.

"뭐라고? 아테네를 점령했는데 사람이 없다고?"

크세르크세스 1세는 아테네 사람들이 모두 살라미스 섬으로 옮겨 갔다는 소식을 듣고 해군을 동원하여 한꺼번에 잡을 생각을 합니다.

크세르크세스 1세가 공을 들여 만든 페르시아 해군은 그리스 해군보다 숫자가 훨씬 많았습니다. 정면 승부를 해서는 그리스가 이길 가능성이 없었습니다.

이에 테미스토클레스는 한 가지 꾀를 냅니다. 페르시아 진영으로 첩자를 보내 거짓 정보를 흘리게 한 겁니다. 하지만 이건 테미스토클레스가 페르시아 해군을 끌어들이기 위한 미끼였습니다.

결전의 날, 크세르크세스 1세는 페르시아 함대의 숫자가 우세하다는 장점을 살리기 위해 그리스 함대를 넓은 바다로 끌어내서 포위할 생각이었습니다.

"그리스 함대가 먼저 공격해 옵니다."

그리스 함대가 먼저 공격해 오자 페르시아 함대들은 우왕좌왕 서로 앞을 다투어 공격을 하기 시작했습니다.

"너무 깊이 쫓지 마라!"

당황한 크세르크세스 1세는 좁은 해역으로 들어가는 자신의 함대에게 명령을 내렸지만 이미 그리스 함대가 페르시아 함대의 길을 가로막아 버립니다.

"으악! 우리 배끼리 충돌한다."

그리스 함대의 함정에 빠진 페르시아 함대는 좁은 살라미스 해협에서 서로 뒤엉키게 됩니다. 결국 견디지 못한 페르시아 함대는 후퇴하고 맙니다.

전쟁 결과, 페르시아 함대는 200척이 침몰하고 4만 명이 전사한 데 반해 그리스 함대는 46척의 함선이 침몰했을 뿐입니다.

살라미스 해전은 40여 년간 계속된 그리스와 페르시아의 전쟁을 결정짓는 중요한 전투이자 동양의 세력으로부터 서양의 문화를 지켜 낸 해전이었습니다. 세계 **4대 해전** 중에 하나로 꼽기도 합니다.

세계 4대 해전
살라미스 해전, 칼레 해전, 트라팔가르 해전, 이순신 장군의 한산도 대첩

전쟁 속 무기 이야기 – 그리스 중장보병

중장보병 혹은 홉라이트라고 하기도 합니다. 중장보병은 경장보병의 반대입니다. 말 그대로 중(무거운) 갑옷을 온몸에 걸친 후 대체로 글라디우스라는 짧은 칼을 듭니다.

그리스에서 중장보병이 발달한 이유는 중무장을 할 수 있는 부유한 시민들이 존재했으며 그리스의 좁은 산악 지형에서 뛰어난 활약을 보였기 때문입니다.

역사에서 만약이란!

저는 페르시아 전쟁에서 아테네 병사로 마라톤 전투에 참가한 병사입니다. 제가 지금부터 거짓이 아닌 기적을 말하려고 합니다.

저는 기원전 490년 마라톤 평원에서 아테네로 진격해 오는 페르시아 군대를 막고 있었습니다. 처음부터 이 전쟁은 그리스에게 불리한 싸움이었습니다. 그리스에서 육군이 제일 강한 스파르타가 전쟁에 참가하지 않아서 아테네 병사들만 싸워야 했기 때문입니다. 더구나 페르시아는 말을 탄 기병대였고, 그리스는 보병이었습니다.

넓은 평야에서 페르시아 기병대를 싸워서 이기기란 불가능한 일이었죠. 그런데 기적 같은 일이 일어났습니다.

어느 날 새벽, 우리는 페르시아 기병대가 잠시 진영을 비웠다는 것을 알게 됐습니다. 우리는 기회를 놓치지 않고 죽을힘을 다해 공격을 했습니다.

이날 전투에서 아테네군 1만 명과 페르시아군 1만 5천 명이 싸웠는데 페르시아군은 약 6천 4백 명이 죽었습니다. 그에 반해 아테네군은 192명만 전사를 했습니다.

이날 전투의 승리로 그리스 사람들은 대제국 페르시아에 싸워서 이길 수 있다는 자신감을 얻게 되었습니다.

만약 스파르타도 참가하지 못한 이 전투에서 그리스가 졌다면 페르시아 전쟁은 초반에 쉽게 무너져 끝날 수도 있었습니다.

기원전 563~483 불교창시자 석가모니 활동
기원전 551~479 유교창시자 공자 활동

동·서양 최초의 격돌 **페르시아 전쟁**

맞수 대격돌 레오니다스 1세 대 크세르크세스 1세

　스파르타 왕 레오니다스 1세가 300명의 전사를 이끌고 테르모필라이로 출발했습니다. 그리고 레오니다스 1세의 뒤를 그리스 지원병 4천 명이 따라갑니다.

　페르시아의 크세르크세스 1세가 이끄는 80만 대군이 아테네를 향해 진격해 오는 가운데, 그들은 그리스를 위해 목숨을 버리고 페르시아 군대를 막으려 했습니다.

　"한 줌도 안 되는 그리스 놈들을 쓸어버려라!"

　페르시아 왕 크세르크세스 1세는 자신을 막아선 레오니다스 1세를 보고 코웃음을 쳤습니다.

　레오니다스 1세가 이끄는 300명의 스파르타 전사들은 좁은 길을 막아선 채 페르시아 군대와 맞서기 시작했습니다.

　하루, 이틀이 지나고.

　"스파르타의 레오니다스 하나 못 이긴단 말이냐!"

　스파르타 80만 대군이 이틀이나 300명에게 발이 묶여서 앞으로 나가지 못하고 있었습니다. 크세르크세스 1세는 레오니다스의 활약에 두려움과 존경심이 들 정도였습니다.

　"폐하, 에피알테스라는 그리스 인이 이곳을 빠져나가는 작은 샛길을 알고 있다고 합니다."

　"그게 정말이냐?"

　하지만 믿었던 그리스 인의 배신으로 레오니다스 1세는 그만 포위를 당하게 됩니다.

　결국 레오니다스 1세는 후방을 지키던 4천 명의 그리스 군대를 돌려보냅니다. 그리고 스파르타 전사 300명과 함께 마지막 한 명까지 페르시아 군대와 싸우다 장렬하게 전사를 하고 맙니다.

　"레오니다스 당신은 진정한 영웅이자 전사였소."

　전투에서 승리한 크세르크세스 1세는 진심으로 레오니다스에게 경의를 표했습니다.

　레오니다스 1세가 시간을 끌어 준 덕분에 아테네 사람들은 무사히 전쟁을 피할 수 있었고, 결국 살라미스 해전에서 그리스가 승리할 수 있었습니다.

승전보를 알려라. 마라톤의 유래

2 그리스의 주인을 가리자!
펠로폰네소스 전쟁
기원전 431년~기원전 404년

"이제부터 그리스는 우리 아테네가 이끌어 간다!"

페르시아 제국과의 전쟁에서 승리한 그리스는 아테네의 갑작스런 행동에 의아해 합니다. 하지만 누가 뭐래도 페르시아 전쟁의 일등 공신은 아테네였습니다.

"감히 아테네가 그런 말을 했단 말이지!"

이 소식을 들은 스파

펠로폰네소스 전쟁의 세력 범위

르타는 불만을 터트립니다.

　아테네와 스파르타는 그리스 도시국가 중 가장 강한 국가들이었지만 서로 정치체제가 달랐습니다. 아테네가 민주주의를 중심으로 한 정치체제라면 스파르타는 군사 국가였습니다.

　"스파르타가 불만에 가득 차 있는데 어쩌죠?"

　"하핫, 우리에게는 델로스 동맹이 있는데 뭐가 걱정인가."

　페르시아와 전쟁에서 이기기 위해 아테네는 델로스 동맹을 만들었습니다. 아테네는 델로스 동맹을 이용해서 스파르타를 이길 생각이었습니다.

　"스파르타와 관계를 끊고 우리 아테네를 따라라!"

　아테네는 코린토스 및 메가라 지역을 장악해서 서부 지중해로 진출하려 합니다.

　"아테네가 저렇게 나온 이상, 우리도 펠로폰네소스 동맹을 움직이겠다."

　아테네의 행동에 위협을 느낀 스파르타는 펠로폰네소스 동맹을 이용할 생각을 합니다. 펠로폰네소스 동맹은 스파르타가 만든 군사동맹으로 아테네의 델로스 동맹에 대항할 수 있는 유일한 무기였습니다.

　아테네와 스파르타의 전쟁은 이제 피할 수 없는 일이 되었습니다.

　"펠로폰네소스 동맹에서 빠지겠소!"

　기원전 431년 펠로폰네소스 동맹의 도시 중 하나인 코린토스의 지배를 받던 케르키라가 독립 전쟁을 일으킵니다. 그러자 아테네가 케르키라를 지원하기 시작했습니다.

펠로폰네소스 동맹
고대 그리스의 스파르타를 중심으로 한 펠로폰네소스 반도에 있는 도시들의 동맹을 의미합니다. BC 500년까지 아르고스를 제외한 펠로폰네소스 전체를 통합하는 거대 동맹이었습니다.

그리스의 주인을 가리자! 펠로폰네소스 전쟁

"드디어 아테네가 움직이기 시작했습니다."

"맞습니다. 이대로 케르키라의 반란을 놔두면 펠로폰네소스 동맹은 무너지고 맙니다."

코린토스, 메가라 등 펠로폰네소스 동맹국들이 스파르타를 부추겼습니다.

"그렇지 않아도 아테네 놈들과 싸울 생각이었다. 펠로폰네소스 동맹 국가들에게 알려라! 이제부터 아테네의 델로스 동맹은 우리의 적이다!"

이로써 스파르타를 중심으로 한 펠로폰네소스 동맹과 아테네를 중심으로 한 델로스 동맹 사이에서 전쟁이 시작되었습니다.

이 전쟁에서 스파르타는 육군을 중심으로 싸웠고, 아테네는 해군을 중심으로 공격했습니다. 페르시아 해군을 물리친 아테네 해군은 막강했고, 스파르타의 해군은 약했습니다.

"해군 따위는 필요 없다. 단숨에 아테네로 진격해서 성을 함락시키면 된다."

스파르타는 육군을 동원해서 아테네를 포위 공격합니다.

"미련한 스파르타 놈들. 땅에서 백날 싸워 봐라. 우리는 성문을 굳게 잠그고 싸우지 않으면 된다."

아테네는 스파르타의 육군과 정면으로 대결하지 않고 성문을 굳게 닫은 채 맞서 싸우지 않았습니다.

"아테네 놈들이 싸우려 하지 않습니다."

"이러다가 우리가 먼저 지치겠습니다. 일단 후퇴한 후 다시 공격하는 게 나을 것 같습니다."

"안 된다. 육지에서 아테네를 이기지 못하면 우린 진 거나 다름없다."

스파르타는 포위를 풀지 않고 싸움을 계속합니다.

스파르타의 포위 공격이 계속되던 기원전 430년 아테네에 불행한 사건이 일어납니다.

"전… 전염병이다."

"페리클레스 님께서도 전염병에 걸렸다."

아테네에 전염병인 페스트가 번져 많은 아테네 사람들이 목숨을 잃었습니다. 게다가 당시 아테네 귀족의 우두머리인 페리클레스마저 페스트에 걸려 죽고 맙니다. 그러나 아테네는 전체 인구의 $\frac{1}{3}$이 목숨을 잃었음에도 불구하고 스파르타와 화해하지 않고 계속 싸웠습니다.

"여기서 스파르타에게 굴복하면 아테네는 멸망한다. 마지막까지 싸우자."

아테네는 멸망을 피하기 위해 스파르타와 계속 싸워야 했습니다.

"페리클레스 님 후계자로 알키비아데스 님을 추천합니다."

"맞아. 전쟁을 승리로 이끌 사람은 알키비아데스 님 밖에 없어."

아테네는 전염병으로 죽은 페리클레스 후계자로 알키비아데스를 뽑습니다.

"반드시 스파르타를 이기겠습니다."

알키비아데스는 스파르타를 이기기 위해 아주 치밀한 계획을 세웠으나 반대파들이 사소한 문제로 그를 고발하고 맙니다.

죽음의 위기를 맞은 알키비아데스는 결국 스파르타로 도망가 전쟁 계획을 전부를 말해버립니다. 이것은 아테네에게 매우 큰 타격이었습니다.

"아테네 놈들이 이렇게까지 계획을 하고 있었다니. 우리가 먼저 움직여야 한다."

"아테네 해군을 이기려면 페르시아와 손을 잡아야 합니다."

"페르시아랑? 그놈들은 우리와 적이다."

"왜 페르시아가 우리의 적입니까? 지금 우리의 적은 아테네입니다."

스파르타는 결국 페르시아와 손을 잡고 아테네를 공격합니다. 특히 페르시아의 도움으로 스파르타는 해군을 강화해서 아테네의 식량 수송로를 막아 버립니다.

"식량이 들어오지 않는다."

"굶으면서 싸울 수는 없어. 어떻게 하든 식량을 들여와야 한다."

아테네는 있는 힘을 다해 스파르타와 싸우려 하지만 아이고스포타미 전투에서 패한 후 결국 항복하고 맙니다.

아테네는 모든 해외 재산을 잃었고, 도시 성벽까지 파괴됩니다.

전쟁 전 그리스에서 가장 강력한 도시국가였던 아테네는 식민지에 가까운 상태로 변하게 되고, 스파르타가 그리스의 중심국이 되었습니다.

하지만 스파르타도 마지막 승리자는 되지 못했습니다. 펠로폰네소스 전쟁의 결과는 그만큼 참혹했습니다.

전쟁에 따른 경제적 영향은 그리스 전역에 미쳐, 사람들은 가난해졌고 아테네는 두 번 다시 민주주의 국가로서의 힘을 발휘하지 못했습니다.

결국 펠로폰네소스 전쟁은 기원전 5세기 그리스의 황금시대를 끝내는 전쟁이 되고 말았습니다.

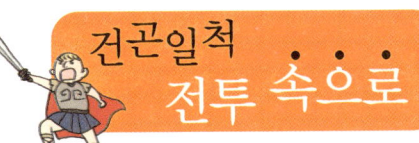 

전투명 : 아이고스포타미 전투
전투시기 : 기원전 405년

"아테네와의 전쟁에서 이기려면 육군만으로 부족합니다."

"해군이 말만 가지고 만들어지는 것도 아니고, 무슨 수로 해군을 키운단 말이냐?"

"페르시아와 손을 잡으십시오. 페르시아가 도와주면 아테네 해군을 이길 수 있습니다."

스파르타 왕은 아테네를 이기기 위해 어제의 적이었던 페르시아와 손을 잡습니다. 페르시아의 지원을 받은 스파르타는 100척의 군함을 새로 만듭니다.

"왕이시여, 기뻐하십시오. 우리에게도 막강한 해군이 생겼습니다."

"지금 당장 해군 제독 리산더에게 명령해서 함대를 끌고 가 아테네 놈들을 물리치게 하라."

스파르타 왕의 명령을 받은 해군 제독 리산더는 함대를 이끌고 바다로 나갑니다. 하지만 스파르타가 100척의 군함을 가지고 있다 해도 상대는 페르시아 해군을 물리친 아테네 해군이었습니다.

"아테네 해군과 정면 승부는 힘들다. 우리가 이기는 방법은 기습뿐이다."

해군 제독 리산더는 신중한 성격답게 침착하게 기회를 엿봤습니다. 드디어 스파르타 해군에게 천금 같은 기회가 찾아 왔습니다.

"아테네 함대 180척이 아이고스포타미에서 발이 묶여 있습니다."

"뭐라고? 그게 정말이냐?"

"그렇습니다. 썰물과 밀물을 잘못 계산해서 썰물 때 배를 바다로 빼내지 못한 것 같습니다."

"오! 기회는 지금이다. 밀물을 이용해서 공격하라!"

스파르타 함대는 밀물이 되는 순간을 이용해서 순식간에 아이고스포타미에 정박해 있는 아테네 함대를 공격했습니다.

"으악! 스파르타 함대다!"

"빨리 배를 움직여!"

"지금은 바닷물이 가득 차지 않아서 배를 움직일 수 없습니다!!"

스파르타 함대의 갑작스런 공격에 아테네 함대는 혼란에 빠졌습니다.

"공격해라! 공격!"

이때를 놓치지 않고 스파르타 함대가 공격을 계속하자 아테네 함대는 배를 버리고 도망치기 시작합니다. 아테네 함대 사령관 코논은 180척의 함선 중 20척만 이끌고 겨우 도망치는 데 성공합니다.

"우리가 아테네 함대를 이겼다!"

이날 벌어진 아이고스포타미 전투에서 스파르타 함대는 도망친 20척의 아테네 함선을 제외한 모든 함선을 잡아들입니다.

그리고 포로가 된 3~4천 명의 아테네 병사를 처형해 버립니다.

아이고스포타미 전투에서 승리한 스파르타는 아테네 해군을 걱정할 필요 없이 편하게 아테네로 진격할 수 있었고, 아테네는 결국 기원전 404년 4월 항복하고 맙니다.

전쟁 속 무기 이야기 —갤리선

갤리선은 그리스·로마시대부터 지중해를 중심으로 사용되었습니다. 역사상 유명한 것은 중세에서 근세 초기까지 지중해에서 활약한 베네치아·제노바 등의 길쭉한 대형 갤리선입니다. 길이가 35m를 넘고 양쪽 뱃전에 각각 30개 이상의 노 젓는 자리가 있었으며, 자리마다 노 젓는 사람이 3명 이상 배치되어 있습니다. 속도가 아주 빨랐으며, 기동력도 뛰어납니다.

역사에서 만약이란!

"감히 날 고발했다고!!"

알키비아데스는 화가 치밀어 올랐습니다. 그는 페리클레스가 아테네에 퍼진 전염병 때문에 죽고 나서 후계자로 지명된 인물입니다.

알키비아데스는 스파르타의 공격으로 위기에 빠진 아테네를 구하기 위해 펠로폰네소스 동맹에 속한 3개의 도시국가 아르고스·엘리스·만티네이아를 아테네 편으로 끌어들인 사람이었습니다.

"이게 모두 히페르볼로스 놈 때문이야."

반대파인 히페르볼로스 때문에 그는 몇 번이고 아테네에서 쫓겨날 뻔 했었습니다. 하지만 그때마다 알키비아데스는 뛰어난 정치력으로 위기를 돌파했습니다.

"두 번 다시 나를 탄핵 못 하게 결정적인 공을 세우겠다."

알키비아데스는 기원전 415년 아테네 사람들을 설득해서 시칠리아의 시라쿠사를 정벌하려고 합니다.

"시라쿠사만 정벌하면 스파르타까지 모두 이길 수 있어."

자신의 계획에 자신이 있었던 알키비아데스는 직접 원정군을 이끌고 출발하려 합니다.

"제우스 신의 심부름꾼이자 모든 사람들의 수호신 헤르마 동상이 부서졌다!"

당시 그리스 사람들은 제우스 신을 가장 무서워했습니다. 그래서 헤르마 동상이 부서지는 일이 발생하자 아테네 시민들은 모두 두려움에 떨었습니다.

"이건 우연히 벌어진 일입니다. 제가 반드시 시라쿠사를 정복해 보이겠습니다."

알키비아데스는 불안해하는 아테네 사람들을 뒤로하고 원정길을 떠납니다. 하지만 반대파들은 계속 알키비아데스를 의심했습니다.

급기야 알키비아데스가 시칠리아 섬에 도착한 직후 아테네로 다시 돌아오라는 소식을 듣습니다.

"아테네에 나를 불러들여 죽일 생각이다."

알키비아데스의 생각대로 이미 그에게 사형선고가 내려진 후였습니다.

"살기 위해서는 스파르타로 가는 수밖에 없다."

결국 알키비아데스는 스파르타로 도망을 쳤고, 스파르타 인에게 시라쿠사 정복 작전까지 알려주고 맙니다. 이건 아테네에게 심각한 타격을 줄 수 있는 일이었습니다.

만약 아테네가 지도자인 알키비아데스를 믿고 서로 의지했으면 스파르타에게 지지 않았을 지도 모릅니다. 서로 의심하고 싸웠기 때문에 스파르타에게 질 수밖에 없었던 것입니다.

 기원전 403 중국 전국시대 시작

맞수 대격돌 아테네 대 스파르타

"계집애처럼 말만 많은 아테네 놈들."
"흥, 무식하게 힘만 센 스파르타 놈들."

아테네와 스파르타는 그리스의 도시국가였지만 서로 사이가 좋지 못했습니다. 살아가는 방식과 정치체제가 너무나 달랐기 때문이었습니다.

아테네는 예술, 교육, 철학의 중심지였습니다. 그리고 소크라테스, 페리클레스, 소포클레스 등 고대의 수많은 철학자, 저술가, 정치가를 길러내기도 했습니다. 무엇보다 정치적으로 서양 문명의 뿌리라고 할 수 있는 민주주의를 처음으로 실시한 곳이기도 했죠.

그에 반해 스파르타는 군사도시였습니다.

라코니아 평야 지역 중앙의 남쪽 끝에 자리하고 있는 스파르타는 라코니아로 들어가는 적의 침입을 방어하는 군사적 요충지였습니다. 그리고 산지가 많은 그리스 지역과는 달리, 비옥한 평야를 끼고 있어 자급자족할 수 있었습니다.

그렇기 때문에 개방적인 아테네와 달리 스파르타는 외부와 교류를 잘 하지 않는 폐쇄적인 사회였습니다.

또한, 스파르타는 엄격한 교육 아래 싸울 수 있는 전사들을 키워 내는 곳으로 유명했습니다. 태어날 때부터 약한 아이는 버려질 정도였으니까요.

이렇게 서로 달랐기 때문에 아테네와 스파르타가 힘을 합쳤을 때 페르시아 제국을 이길 힘이 생겼지만, 서로 갈라져서 싸울 때 그리스는 힘을 잃고 맙니다.

약육강식의 세계. 스파르타 교육

3 대제국을 건설하라!
알렉산더 대왕의 동방 원정
기원전 334년~기원전 324년

"왕자님이 태어났습니다."

기원전 356년에 펠라에서 한 명의 아이가 태어났습니다.

알렉산더라는 이름을 가진 이 아이는 그리스의 변방국가 마케도니아의 왕 필리포스 2세의 아들이었습니다.

"알렉산더를 세상을 가질 남자로 키우겠다."

필리포스 2세는 자신의 아들 알렉산더를 최고의 왕으로 만들고 싶었습니다.

그는 알렉산드로스의 재능을 키우기 위해, 그리스의 대학자인 아리스토텔레스를 교사로 삼아 가르치게 했습니다.

"창을 좀 더 깊게 찌르십시오."

또한, 아리스토텔레스 외에도 뛰어난 무술 스승까지 두어 알렉산더를 교육시킵니다.

알렉산더는 18살이 되던 기원전 338년에 카이로네이아 근교에서 벌어진 카이로네이아 전투에서 아테네-테바이 연합군을 상대로 큰 승리를 거둡니다.

"하하핫, 역시 내 아들 알렉산더답다."

필리포스 2세는 알렉산더의 활약에 크게 기뻐했습니다. 카이로네이아 전투에서 마케도니아가 승리하여 그리스에서 결정적인 주도권을 잡게 됐기 때문입니다.

"왕께서 암살당했다!"

그러나 필리포스 2세는 알렉산더가 20살이 되던 해에 의문의 암살을 당하고 맙니다.

"아… 아들아. 넌 반드시 세상의 끝을 봐야 한다."

필리포스 2세는 알렉산더에게 왕위를 물려주고 죽음을 맞이합니다.

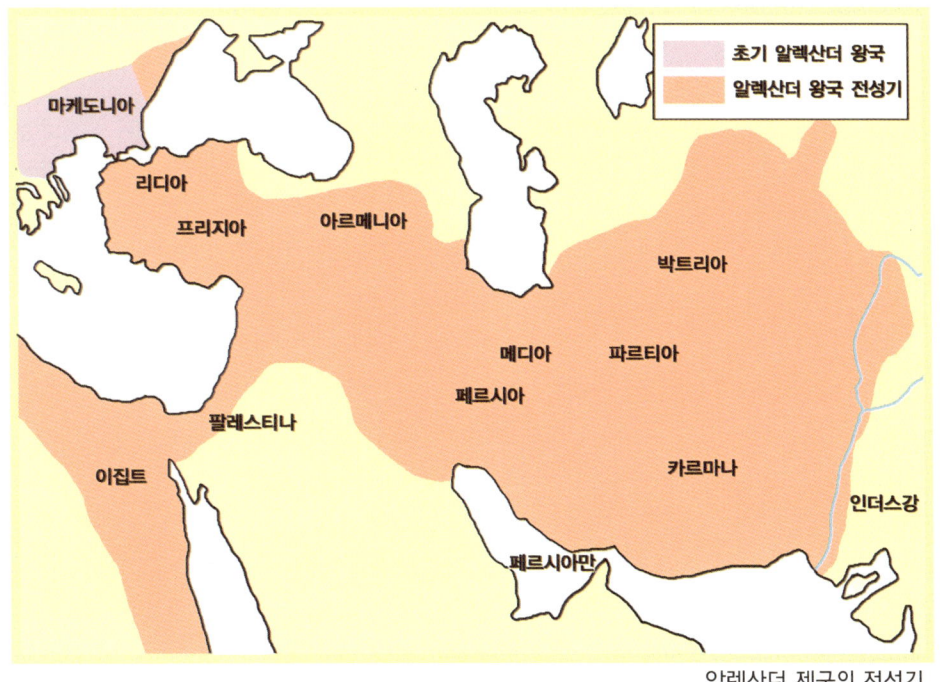

알렉산더 제국의 전성기

"아버지가 못다 이룬 꿈을 이루겠다."

알렉산더는 필리포스 2세가 남겨 놓은 강력한 왕국과 군대를 그대로 물려받아 아버지가 못다 이룬 정복 계획을 시작합니다.

알렉산더의 꿈은 소아시아를 지배하고 있는 강력한 제국 페르시아를 정복하는 것이었습니다. 이미 그리스를 지배하고 있던 알렉산더의 마케도니아는 페르시아 공격을 착실하게 준비합니다.

"폐하, 페르시아 공격 준비가 끝났습니다."

"이번에 떠나면 페르시아를 정복하게 전에는 돌아오지 않을 생각이다. 단단히 준비했느냐?"

"그렇습니다."

"좋다! 그럼 페르시아를 향해 출발한다!"

"와아!! 페르시아를 정복하자!!"

기원전 334년에 알렉산더는 드디어 마케도니아군과 그리스 연맹군을 이끌고, 페르시아 원정을 위해 소아시아로 건너갑니다.

"그라니코스 강변을 페르시아군이 막고 있습니다."

정찰을 나간 척후병이 알렉산더 대왕에게 다급히 적의 상황을 알려 왔습니다.

"페르시아와 첫 싸움이다. 절대지지 마라!"

"공격!"

"페르시아를 무찌르자!!"

알렉산더의 지휘를 받은 마케도니아 군대는 페르시아의 첫 싸움에서 크게 승리합니다. 그리고 그라니코스 강변에서 승리한 알렉산더는 페르시아의 지배를 받고 있던 그리스의 여러 도시를 차례로 해방시킵니다.

"알렉산더 만세!"

"그리스 만세!"

해방된 그리스 사람들은 소리 높여 만세를 불렀습니다.

"첫 승리에 들뜨지 마라. 우린 이제 페르시아에 들어왔을 뿐이다."

알렉산더는 승리에 들떠 있는 병사들을 재촉해서 다시 정복 전쟁을 계속합니다. 먼저 북시리아를 공격하고, 기원전 333년 킬리키아의 이수스 전투에서 페르시아 왕 다리우스 3세의 군대를 크게 이깁니다.

"다음 목표는 페르시아 함대 근거지인 티루스다!"

알렉산더는 만족을 모르는 사람처럼 계속해서 페르시아를 공격해 나갔습니다. 그리고 시리아·페니키아를 정복한 다음 이집트를 공략하였습니다.

"여기가 이집트의 나일 강이구나."

"그렇습니다. 폐하."

"정말 아름다운 곳이다. 이곳에 내 이름을 딴 도시를 만들고 싶다."

"폐하의 뜻대로 하겠습니다."

알렉산더는 이집트 나일 강 하구에 자신의 이름을 딴 알렉산드리아를 건설하기 시작합니다.

"드디어 페르시아 주변이 다 정리됐군. 이제 남은 건 페르시아 다리우스 3세를 잡는 것뿐이다."

기원전 331년 알렉산더는 마침내 가우가멜라 지역에서 페르시아와 운명을 건

알렉산드리아
알렉산더 대왕이 정복 활동 도중 이집트에 자신의 이름을 따서 세운 도시입니다. 이는 후에 헬레니즘 시대의 문화·경제의 중심지로 발전하게 됩니다.

싸움을 시작합니다.

"페르시아를 물리쳐라!"

"공격하라!"

"와아! 막아라! 알렉산더를 잡아라!"

마케도니아의 알렉산더는 페르시아의 다리우스와 맞붙은 가우가멜라 전투에서 크게 이기면서 페르시아 제국을 완전히 정복하게 됩니다.

"드디어 페르시아를 정복했다."

"마케도니아 만세!"

"알렉산더 대왕 만세!"

알렉산더는 자신의 군대를 이끌고 페르시아의 수도인 바빌론에 들어갑니다. 마케도니아 병사들은 몇 년 만에 고향에 돌아갈 희망에 부풀어 있었습니다.

"마케도니아로 돌아가지 않는다."

"옛? 폐하, 그게 무슨 말씀입니까?"

"난 세상 끝까지 정복한다고 아버지와 약속했다. 우리는 서쪽으로, 서쪽으로 계속 진격할 것이다."

알렉산더는 북인도 정복을 계획하고 실천에 옮겼습니다. 알렉산더와 병사들은 서쪽으로 움직여 북인도를 향해 진격해 나갔습니다. 하지만 막상 북인도를 정복하기 시작하자 알렉산더는 뜻하지 않는 어려움을 만납니다.

"우린 이미 페르시아를 정복했다. 그런데 왜 계속 싸워야 하는가?"

"맞아! 고향을 떠나온 지 10년이 넘어가고 있어."

"어디인지도 모르는 이런 곳에서 죽기 싫어!"

계속된 싸움에 지친 병사들이 불만을 터트리며 반란을 일으키기 시작합니다.

"뭐라고? 병사들이 반란을 일으켰다고?"

"그렇습니다. 폐하."

"이놈들이 감히! 당장 진압군을 보내라!"

알렉산더는 화가 머리끝까지 난 채 반란을 진압하려고 하지만 진압군들도 도망치기 시작합니다.

"폐하, 이렇게 가서는 끝이 없습니다. 원정을 중단해 주십시오."

이때 알렉산더 자신도 오랜 정복 활동으로 피곤과 스트레스에 시달리고 있었습니다. 게다가 북인도의 습한 기후가 원인이 되어 열병에 걸리고 맙니다.

"나… 나는 세상 끝을 정복했느니라!"

결국 열병이 원인이 되어 기원전 323년 6월 10일 위대한 정복자 알렉산더는 죽음을 맞이합니다. 알렉산더가 이룬 대제국은 그가 죽은 후 후계자들 간의 싸움으로 인해 여러 개의 나라로 쪼개지게 됩니다.

하지만 알렉산더의 동방 원정은 역사적으로 큰 의미를 가집니다.

알렉산더는 동양과 서양의 문화를 융합시키려고 노력했습니다. 그 노력은 헬레니즘 문화로 꽃을 피웁니다.

동·서양의 문화가 결합하여 생긴 헬레니즘 문화는 후에 간다라 미술이라는 새로운 예술과 조화를 이루어 불교 미술에 큰 영향을 미칩니다.

헬레니즘 문화
동·서양이 서로 조화를 이룬 헬레니즘 문화는 알렉산더 대왕이 동방원정을 나섰을 때 서방문화를 동방에 널리 알려 탄생하게 됩니다. 후에 이는 인도 불상 등 불교 미술에 큰 영향을 끼칩니다. 예를 들면 자세한 묘사와 섬세한 표현이 특징인 그리스 동상과 불상의 예술양식이 비슷한 점이 많다는 것입니다.

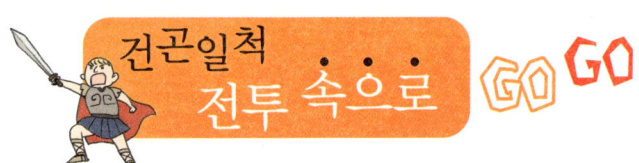

전투명 : 가우가멜라 전투
전투시기 : 기원전 331년

　기원전 333년 이수스 전투에서 페르시아군을 크게 이긴 알렉산더 군대는 2년 동안 이집트와 지중해를 정복한 후 드디어 페르시아 수도 바빌론을 향해 진격하기 시작했습니다.
　다리우스 3세가 이끄는 페르시아군 역시 2년 동안 만반의 준비를 끝내고 알렉산더 군대와 맞대결을 합니다.
　"승부는 가우가멜라 평원에서 펼친다."
　다리우스 3세가 전쟁터를 가우가멜라 평원으로 택한 이유는 알렉산더군보다 수적으로 우세한 페르시아군이 넓고 평평한 지형에서 싸우면 유리했기 때문입니다.
　페르시아의 기록에는 기병 20만 명을 합쳐 총 100만 정도의 병력을 동원했다고 나와 있지만 실제로는 전차 200대, 경보병 6만 2천 명, 그리스 중장보병 2천 명, 기병 1만 2천 명, 전투 코끼리 15마리 등으로 총 10만 명 정도의 병력이 동원되었습니다.
　이에 맞서 마케도니아 측은 경보병 9천 명, 중장보병 3만 1천 명, 기병 7천 명으로 수적으로 훨씬 불리했지만, 무기와 훈련은 페르시아보다 훨씬 뛰어났습니다.
　"공격하라!"
　병력에서 앞선 페르시아군은 먼저 공격을 시작합니다.
　"와아! 공격! 마케도니아를 물리치자!!"
　"알렉산더를 잡아라!"
　밀려들어 오는 페르시아군을 바라보며 알렉산더는 이전에 볼 수 없었던, 놀라고 창의적인 전술을 구사합니다.

"적의 기병대를 우리 진영 깊숙이 끌어들여라."

알렉산더는 페르시아 기병대를 최대한 안쪽으로 끌어들여서 다리우스 3세가 있는 본진과 거리를 떨어뜨려 놓았습니다.

"하하핫! 기병대 돌격! 마케도니아군을 쓸어버려라!"

다리우스 3세는 자신의 기병대가 마케도니아 군대 깊숙이 들어가자 신이 나서 외쳤습니다.

"다리우스 3세가 있는 본진에는 병력이 없다. 지금 공격하라."

알렉산더는 직접 병력을 이끌고, 방심하고 있던 다리우스 3세를 공격합니다.

"이런! 알렉산더에게 당했다! 근위대는 뭐하고 있느냐! 어서 막아라."

하지만 알렉산더는 다리우스 3세를 보호하던 근위대를 물리치고 계속 진격합니다.

"도… 도망쳐라!"

목숨의 위협을 느낀 다리우스 3세는 결국 알렉산더를 막지 못한 채 도망치고 맙니다. 다리우스 3세가 도망치자 페르시아군도 앞을 다투어 달아나기 시작합니다.

결국 이날 전투의 패배로 페르시아 제국은 알렉산더에게 정복당하는 신세가 되고 맙니다.

 ## 무기와 전쟁 전술 꿰기 –팔랑크스(밀집 장창 보병대)

알렉산더가 동방 원정 때 사용한 밀집 장창 보병대입니다. 마케도니아의 팔랑크스는 긴 창으로 무장한 보병을 중심으로 해서 기병대나 경무장 보병과 같이 사용하였습니다.

동방 원정에서는 무적을 자랑하였으나 기원전 168년의 피드나의 싸움에서는 로마 군단에 패하고 맙니다.

"나는 알렉산더 대왕님을 최고의 영웅으로 생각한다네."

나이가 든 노인은 쓸쓸한 표정으로 자신을 찾아온 병사에게 말을 했습니다.

"어르신은 알렉산더 대왕님을 잘 알고 계십니까?"

"잘 알다마다. 내가 10년 동안 알렉산더 대왕님을 따라 북인도 전투까지 참가한 사람일세."

"예~옛? 정말요?"

노인의 말에 병사는 놀란 표정을 지었습니다.

"알렉산더 대왕님은 우리 마케도니아 아니 그리스의 적인 페르시아를 정복한 위대한 영웅이시다. 만약 그분이 꿈을 위해 북인도까지 가지 않았다면 역사는 달라졌을 것이야."

"역사가 달라지다니요?"

"북인도는 우리가 생전 처음 간 곳이었다네. 새로운 곳에 대한 신기함보다는 두려움과 공포가 우리 병사들을 감싸고 있었지. 게다가 그곳은 왜 그리 덥고 습한지."

노인은 과거를 떠올리며 쓸쓸한 표정을 지어 보였습니다.

"히유……. 우리가 반란만 일으키지 않고 알렉산더 대왕님을 잘 따랐더라면 대왕님이 병에 걸리지도 않았을 텐데."

"어르신 힘내세요. 제가 그동안 알렉산더 대왕님에 대해 잘 몰랐던 부분이 있었네요."

노인의 말을 듣고 나서 병사는 생각했습니다. 만약 알렉산더가 페르시아 정복을 끝으로 북인도 원정을 떠나지 않았다면 어땠을까? 어쩌면 알렉산더가 젊은 나이에 죽지 않았을 지도 모릅니다.

알렉산더가 33살이라는 젊은 나이에 갑작스러운 죽음을 맞이하자, 그가 이룬 제국은 몇 개의 나라로 쪼개지고 말았던 것입니다.

기원전 450 송화강 상류 일대에 부여(扶餘) 성립
기원전 403 한반도 남쪽에 진국(辰國) 성립
기원전 333 소진이 합종책에 의하여 6국의 재상이 됨
기원전 311 장의의 연횡책 성립

맞수 대격돌 다리우스 3세 대 알렉산더 대왕

"위대한 페르시아가 이렇게 끝이 나다니."

페르시아의 마지막 왕 다리우스 3세는 후회의 눈물을 흘렸습니다.

기원전 338년 페르시아의 환관 바고아스는 아르타크세르크세스 3세를 죽이고, 2년 후 그의 아들 아르세스마저 독살합니다. 그리고 환관 바고아스는 자신이 마음대로 조정할 수 있는 사람을 찾는데, 그 사람이 다리우스 3세였습니다.

"그래도 난 쓰러져 가는 페르시아를 바로 세우기 위해 노력했어."

다리우스 3세는 왕위에 오르자마자 야심 많은 환관의 바고아스를 죽이고, 페르시아를 안정시키기 위해 노력했습니다.

"하지만 아무도 나를 믿어주지 않았어. 나 혼자서는 알렉산더를 이길 수 없었어."

다리우스 3세가 즉위했을 때 페르시아 제국은 불안정했었고, 무엇보다 많은 땅을 지배하고 있는 총독들은 다리우스 3세를 믿지 않고 있었습니다.

"알렉산더 군대가 몰려옵니다."

기원전 334년 봄, 알렉산더가 마케도니아 군대를 이끌고 다르다넬스 해협을 건너고 있을 때도 다리우스 3세는 총독들과 신경전을 벌이고 있었습니다.

"재물과 땅, 그리고 내 딸까지 줄 테니 그만 돌아가시오."

알렉산더에게 계속 패하자 다리우스 3세는 평화 협상을 제안합니다. 그러나 알렉산더는 그 제안을 거절하고 계속 페르시아를 공격합니다.

"결국 마지막 전투를 벌여야겠군."

다리우스 3세는 기원전 331년 가우가멜라 전투를 벌이지만 크게 패하고, 도망치다 자신의 부하 총독 베수스에게 살해당하고 맙니다.

"난… 난… 알렉산더에게 진 게 아니야. 페르시아를 조금만 더 안정시켰다면 알렉산더에게 지지 않았어."

다리우스 3세는 마지막 죽는 순간까지 알렉산더를 뛰어넘기 위해 안간힘을 썼지만, 무너져 가는 페르시아 제국을 일으켜 세울 능력은 없었습니다.

의외로 간단한 수수께끼. 고르디우스의 매듭

4 알프스 산맥을 넘어라!
한니발의 포에니 전쟁
기원전 264년~기원전 146년

로마는 이탈리아 반도에서 작은 도시국가로 시작한 나라입니다. 그리스가 차츰 힘을 잃어가자 로마는 그 틈을 타고 지중해 연안으로 세력을 넓혀 갑니다.

발전을 거듭하던 로마는 북아프리카 튀니즈 만에 세력을 가지고 있던 카르타고와 전쟁을 벌이게 됩니다. 지중해의 패권을 놓고 싸우게 된 거죠.

포에니라는 말은 라틴어로 페니키아 인을 가리킵니

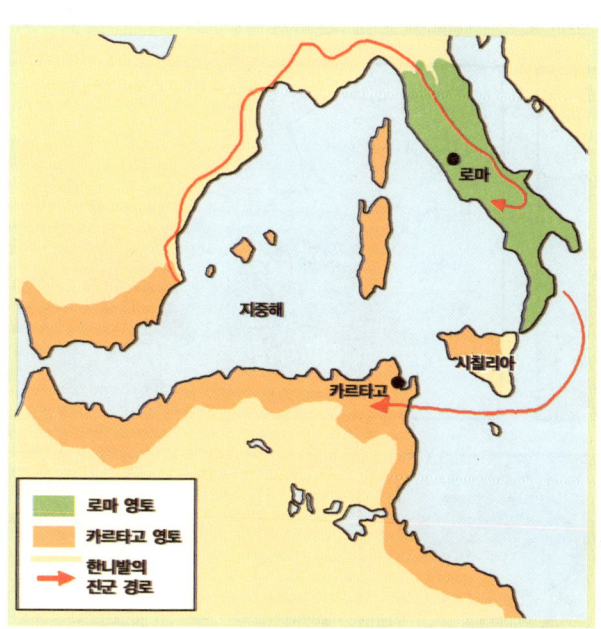

포에니 전쟁 당시 카르타고와 로마의 영토

다. 그래서 이 전쟁을 포에니 전쟁이라고 부릅니다.

"카르타고를 이기려면 지중해에 있는 시칠리아 섬을 정복해야 한다."
기원전 264년부터 기원전 241년까지 벌어진 제1차 포에니 전쟁은 주로 시칠리아 섬을 배경으로 벌어졌습니다.
시칠리아 북동쪽에 있는 그리스 식민 도시 메사나를 놓고 벌어진 로마와 카르타고의 싸움이 시작됩니다.
"승리의 핵심은 해군력이다!"
로마는 시칠리아 남쪽 아크라가스를 점령한 후 강력한 해군을 만듭니다.
"로마의 해군이 완성되기 전에 공격해야 한다."
마음이 급해진 카르타고는 로마를 공격합니다. 하지만 기원전 256년 시칠리아 북쪽 해전에서 카르타고는 로마 해군에게 크게 지고 맙니다.
"이제 아프리카로 건너가서 카르타고를 직접 공격한다."
승리에 들뜬 로마는 기원전 256년 대함대를 이끌고 아프리카 원정을 떠나지만 카르타고에게 크게 패하고 맙니다.
"전쟁을 너무 급하게 진행했다. 다시 전열을 정비해서 카르타고를 공격하자."
로마는 다시 시칠리아 섬에 들어가 전열을 정비하기 시작합니다. 그리고 전쟁은 다시 시칠리아 서쪽으로 옮겨져 시칠리아 아이가테스 해전이 벌어집니다.
"아프리카에서 당한 치욕을 갚아 주자! 카르타고 함대를 공격하라."
아이가테스 해전에서 로마군은 카르타고 해군에게 큰 승리를 거둡니다.

포에니 전쟁
포에니는 라틴어로 페니키아 인을 가리키는 말로 카르타고 주민을 일컫기도 하지요. 페니키아 인은 고대 가나안 북쪽에 근거지를 둔 고대 문명으로 오늘날의 레바논과 시리아, 이스라엘 북부로 이어지는 해안에 사는 민족입니다. 고대의 카르타고가 바로 이 지역에 해당했지요.

더 이상 견디지 못한 카르타고는 로마에게 항복을 하게 되고, 거액의 배상금을 지급하게 됩니다. 그리고 시칠리아는 로마의 손에 들어갑니다.

"로마에게 패한 치욕을 갚자."
카르타고는 뼈를 깎는 고통을 참으며 복수를 다짐합니다. 카르타고의 복수는 한니발이라는 영웅이 등장하면서 시작됩니다.
한니발은 용병의 반란을 진압한 카르타고의 장군 하밀카르 바르카스의 아들로서 주로 이베리아 반도에서 세력을 키웁니다.
"지난날의 치욕을 갚기 위해 로마로 진격한다!"
한니발은 기원전 218년 이베리아 반도의 동해안에 있던 로마의 동맹 사군툼을 공격하면서 전쟁을 시작합니다. 이 전쟁을 제2차 포에니 전쟁이라고 부릅니다.
"한니발 님, 로마를 가기 위해서는 해군이 필요합니다."
"맞습니다. 1차 전쟁 때도 해군이 패하는 바람에 손 한번 써보지 못하고 졌습니다. 이번에는 해군을 제대로 만들어서 로마로 가야 합니다."
"우리는 해군을 만들지 않는다."
"옛?"
한니발의 단호한 말에 부하 장군들은 믿을 수 없다는 표정을 짓습니다.
"알프스 산맥을 넘어 로마로 간다!"
"옛? 말도 안 됩니다."
"절대 불가능합니다."
부하 장군들은 한니발을 말렸지만 그의 고집을 꺾을 수는 없었습니다. 어차피 지중해를 장악하고 있는 로마 해군을 이긴다는 건 알프스 산맥을 넘는 것보다 더 어려운 일이라고 한니발은 판단한 것입니다.

보병 2만 명, 기병 6천 명의 대군을 거느린 한니발은 남프랑스를 차지한 후 알프스를 넘어 이탈리아 북부로 침입합니다.

"으악! 카르타고군이다!"

"말도 안 돼! 카르타고군이 바다를 건넜다는 소리를 들은 적이 없는데!"

"알… 알프스 산맥을 넘었대!!"

알프스 산맥을 넘어 이탈리아로 들어온 한니발의 기습 공격에 당황한 로마군은 속수무책으로 당하고 맙니다.

"로마군이 당황했다. 이 기회를 놓치지 말고 밀어붙여라!"

한니발은 계속해서 로마를 향해 진격해 나갑니다.

특히 기원전 216년 8월 남이탈리아의 칸나 전투에서 한니발군은 로마군을 포위해서 크게 물리칩니다.

"이러다가는 한니발에게 로마는 망하고 만다."

"그래도 아직까지 이탈리아의 도시국가들은 우리 로마 편을 들고 있습니다."

"그래도 계속 한니발에게 밀리면 그들이 로마를 버릴 수도 있어."

"보고 드립니다. 한니발의 명령을 받은 하스드루발이 갈리아 군단을 데리고 알프스 산을 넘었다고 합니다."

보고를 받은 로마 장군들은 깜짝 놀랍니다. 한니발 군대도 감당 못하는 상황에서 지원군까지 합류하면 더 이상 버틸 수가 없었기 때문입니다.

"제가 막겠습니다."

남부 로마군 사령관 가이우스 네로가 군대를 이끌고 하스드루발의 군대를 막으러 갑니다. 기원전 297년 가이우스 네로가 이끄는 로마군이 메타우로스 강둑에서 하스드루발 군대를 가까스로 물리칩니다.

"끄응, 하스드루발의 군대가 졌단 말이지?"

"지금 보급선이 한계에 다다랐습니다. 더 이상의 진격은 무리입니다."

부하의 말을 들은 한니발은 진격을 멈추고 로마군과 대치하기 시작합니다. 한니발은 기원전 203년 아프리카로 돌아오라는 명령을 받을 때까지 머무르고 있었습니다.

"한니발이 물러났다."

"만세!"

무려 15년 만에 처음으로 이탈리아에서 적이 물러난 것입니다.

"아직 전쟁은 끝이 나지 않았습니다. 이번 기회에 아예 뿌리를 뽑아야 합니다."

로마의 스키피오 장군은 전쟁을 계속할 것을 주장합니다.

"좋다, 스키피오. 가서 한니발을 끝장내라."

허락을 받은 스키피오는 기원전 206년 한니발의 본거지인 이베리아 반도를 완전히 굴복시킵니다.

"우리는 북아프리카로 건너가 카르타고를 물리친다."

스키피오는 로마군을 이끌고 북아프리카로 건너가 기원전 202년 자마 전투에서 한니발 군대를 격파, 전쟁을 승리로 이끕니다. 반면, 카르타고는 두 번째 전쟁에서도 패하여 해외 영토를 모두 잃고 거액의 배상금을 지불해야만 했습니다.

한편 한니발은 동방 시리아의 안티오코스 3세 곁으로 도망했다가 다시 비티니아 왕에게 가서 몸을 맡기지만 끝내 재기하지 못합니다.

하지만 로마와 카르타고의 전쟁은 이걸로 끝이 난 게 아니었습니다.

기원전 149년에 제3차 전쟁이 일어납니다.

이번에는 로마가 먼저 카르타고를 정복하는 전쟁이었습니다. 3차 전쟁은 카르타고와 그 이웃 나라인 누미디아의 마시니사 전투에 로마가 끼어들면서 시작되었습니다.

"카르타고를 포위하라."

로마군은 마침내 카르타고를 포위한 끝에 처절히 파괴해 버립니다.

"이겼다! 우리 로마가 카르타고를 이겼다!"

"만세! 만세!"

이렇게 해서 3차에 걸친 포에니 전쟁이 끝이 났습니다.

로마는 이 전쟁을 통하여 시련을 극복하고 도시국가에서 지중해를 지배하는 세계제국으로 발전할 수 있는 계기를 만듭니다.

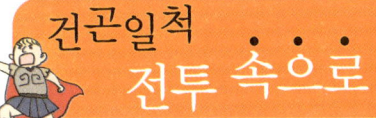 

전투명 : 자마 전투
전투시기 : 기원전 202년

"평화 협상이 결렬되었다고 합니다."

"하늘이 나를 버리지 않았구나."

한니발은 카르타고와 로마 사이에 벌어지고 있는 평화 협상이 결렬됐다는 소식을 듣자 흥분을 감추지 못했습니다.

"이번 기회에 로마군을 철저히 짓밟고 다시 한번 로마로 진격하겠다."

한니발은 이탈리아에서의 놀라운 전과에도 불구하고 로마 동맹국들의 이탈을 이끌어 내지 못한 채 로마군과 대치하다 카르타고로 소환됩니다. 그는 그저 카르타고와 로마 사이의 평화 협상을 지켜봐야 했습니다.

하지만 금방 이루어질 것 같았던 평화 협상은 질질 시간을 끌다가 결렬되고 말았죠.

이제 두 나라 사이에는 국가의 운명을 건 전쟁만이 남아 있을 뿐이었습니다.

"흐음, 로마군이 생각보다 기병이 많군."

자마에서 스키피오와 대치하고 있는 한니발은 로마군에 기병대가 많은 것을 보고 놀랐습니다. 지금까지의 전쟁에서는 항상 카르타고 군대의 기병대가 많았기 때문이죠.

"항상 한니발 편만 들던 누미디아 기병이 우리 쪽으로 넘어온 이상 이 전쟁은 우리 승리다."

로마 장군 스키피오는 누미디아 기병대를 바라보며 자신만만하게 외쳤습니다.

"누미디아 기병대가 없어도 우리는 이길 수 있다. 전투 코끼리를 출발시켜라!!"

한니발은 기병의 열세를 극복하기 위해 준비한 80마리의 전투 코끼리로 하여금 로마군을 공격하게 하였습니다. 하지만 이미 그것을 예상하고 있던 스키피오의 능숙한 대처로 별 효과를 보지 못합니다.

"기병대를 투입하라!"

스키피오의 명령이 떨어지자 누미디아 기병대가 수적으로 열세인 카르타고 기병대를 물리치기 시작합니다.

"돌격하라!"

"한니발을 잡아라!"

"물러서지 말고 막아라."

한니발은 불리한 상황에서도 초인적인 인내력으로 로마군과 맞섰습니다. 오랜 전쟁에서 한니발과 같이 싸웠던 카르타고 군대는 스키피오의 로마군을 위기에 빠뜨립니다.

"이제 조금만 밀어 붙이면 로마군을 이길 수 있다."

한니발은 더욱 더 힘을 내서 로마군을 공격합니다.

"기병대! 누미디아 기병대가 후방을 공격해 옵니다."

"아뿔싸!"

위기의 순간에 카르타고 기병대를 물리친 누미디아 기병대가 한니발 후방을 공격해 들어옵니다. 그리고 이 순간 자마 전투는 한니발의 패배로 끝이 나고 맙니다.

이렇게 제2차 포에니 전쟁은 카르타고의 패배로 끝이 나고 맙니다. 약 70년 후 제3차 포에니 전쟁이 일어나지만 그때 카르타고는 자신의 영토를 간신히 지킬 만한 군사력만 가질 뿐이었습니다.

 전쟁 속 **무기** 이야기 −전투 코끼리

전투 코끼리는 전투에 참가시키기 위한 목적으로 훈련된 거대한 코끼리를 말합니다. 이러한 코끼리 위에 보병이나 궁수들이 올라타서 상대방을 공격하였습니다.

한니발은 전투에 코끼리를 투입하여 많은 효과를 보기도 하였습니다.

역사에서 만약이란!

 기원전 217년 4월, 과거 에트루리아 지역인 트라시메누스 호수 전투에서 로마군은 한니발 군대에 치명적인 패배를 당하고 맙니다.

 "한니발이 로마로 온다. 로마를 떠나야 한다."

 로마 시민들은 겁에 질려서 앞을 다투어 로마를 떠나려고 했습니다. 로마 정치가와 장군들도 로마를 방어할 계획 하나 제대로 세우지 못하고 있었습니다.

 한편 토스카나 지방에서 한니발 군대는 연일 회의를 하고 있었습니다.

 "우리는 로마로 가지 않는다."

 "그… 그게 무슨 말씀입니까?"

 한니발의 결정에 부하 장군들은 말을 잇지 못했습니다.

 "지금 우리가 로마를 얻어 봐야 놈들은 다른 곳으로 피난 가서 저항할 것이다. 로마의 힘이 약해진 지금, 로마 주변 도시들을 우리 편으로 만들 것이다."

 한니발은 로마로 바로 쳐들어가지 않고 로마의 주변 도시를 공격해서 로마의 연합 세력을 붕괴시킬 생각이었습니다. 그리고 고립된 로마를 최종적으로 공격해서 항복을 받을 전략이었죠. 하지만 이는 전쟁의 패배를 초래했습니다.

 만약 이때 한니발이 무리해서라도 로마를 직접 공격하여 함락시켰다면 포에니 전쟁의 결과는 달라졌을 수도 있을 겁니다.

기원전 221년 진의 시황제 천하통일
기원전 210년 시황제 사망. 호해 왕위 계승
기원전 206년 유방이 중국 한나라 건국

알프스 산맥을 넘어라! 한니발의 포에니 전쟁

맞수 대격돌 한니발 대 스키피오

"내가 한니발 당신을 물리치겠소."

"하하하핫! 네가 날 이기겠다고? 용기 한번 가상하구나."

한니발은 자신 앞에서 큰소리를 치는 26살의 젊은 로마 장군을 바라보며 호탕하게 웃었습니다. 이탈리아를 공격한 이래 단 한 번도 진 적이 없는 한니발에게 젊은 로마 장군의 외침은 귀에 들어오지도 않았습니다.

"내 이름은 스키피오요! 똑똑히 기억해 두시오."

"스키피오?"

"그렇소. 아마 이제부터 내 이름을 귀가 따갑게 들을 것이오!"

로마 장군 스키피오의 외침은 시간이 얼마 지나지 않아 현실이 됐습니다.

기원전 209년 이탈리아에서 한니발이 이끄는 카르타고 군과 로마군이 대치하고 있을 때, 스키피오는 대담한 전술로 한니발의 근거지인 신 카르타고(카르타헤나)를 함락시켜 버립니다.

"스키피오에게 신 카르타고가 함락당했다고!"

한니발은 비로소 스키피오가 단순한 허풍쟁이가 아니라는 걸 느끼게 됩니다.

이후 스키피오는 로마군의 선두에 서서 한니발과 맞서게 됩니다.

"하하핫! 스키피오여! 내가 자네를 무시했던 걸 사과하네."

"사과를 받아들이겠습니다."

한니발은 비로소 스키피오를 라이벌로 인정하고 전력을 다해 맞서 싸웠습니다.

하지만 알프스 산맥을 넘어 로마의 간담을 서늘하게 했던 한니발도 끝내 스키피오를 넘지 못하고 죽음을 맞이합니다.

로마의 기원을 찾아서. 로마 건국 신화

전설에 의하면 로마 건국의 시조는 트로이가 함락되었을 때 이탈리아로 건너온 트로이 왕자 아이네이아스였습니다.

"여기에 나라를 세워 볼까?"

아이네이아스 이후 아물리우스가 그의 형이자 로마 16대 왕인 누미토르의 왕위를 빼앗아 버립니다. 그리고 형의 딸 실비아를 죽을 때까지 처녀로 있어야 하는 신녀로 만들어 버리죠.

"넌 이제부터 신녀다."

"신녀?"

어느 날 실비아가 물을 뜨러 나갔다가 전쟁의 신 마르스와 사랑에 빠지고, 남자 쌍둥이를 낳습니다. 이 소식을 알게 된 아물리우스는 쌍둥이를 티베르 강에 버립니다.

"안 돼요!!"

강에 떠내려가던 두 아이를 늑대가 데려다 젖을 먹여 키웠습니다. 그 후 양치기가 아이들을 데려가 로물루스와 레무스로 이름을 지어주고 보살핍니다.

"? 이상하네...."

"나, 양치기"

그 후 자신들의 사연을 알게 된 두 사람은 아물리우스를 죽이고, 할아버지인 누미토르를 복위시킨 다음 새 도시를 건설하기 시작합니다.

"내 손자들이로구나!"

하지만 두 형제는 사이가 나빠지게 되고, 로물루스가 동생 레무스를 죽이고 맙니다. 이후 로물루스는 카피톨리누스 언덕에서 사람들을 모아 다스렸습니다.

"이 카피톨리누스 언덕이 우리를 지켜 줄 것이다!"

로마의 어원은 이 로물루스에서 유래되었습니다.

로물루스 = 로마

기원전 753년에 로물루스와 레무스가 건설한 로마는 그 후 7대에 걸쳐 왕이 통치하였으며 로마 공화정이 생기면서부터 제국으로 발전해 나갑니다.

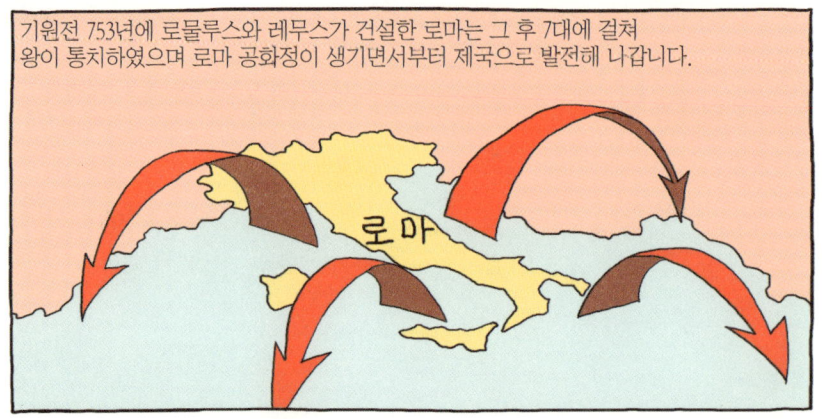

5 천상천하 로마독존
카이사르의 갈리아 전쟁
기원전 58년~기원전 51년

"율리우스 카이사르를 갈리아 지방 총독으로 임명한다."

고대 로마의 입법·자문기관인 로마 원로원은 정치적 야망이 큰 카이사르를 항상 경계하고 있었습니다. 그래서 이번 기회에 아예 야만족들이 사는 갈리아 지방으로 보낸 것입니다.

"난 반드시 다시 돌아올 것이다."

카이사르는 원로원의 결정에 대항하지 않고 순순히 부하들을 이끌고 갈리아 지방으로 떠납니다.

로마는 당시 갈리아 지방의 독립 켈트족 부족국가들과 교역 및 외교관계를 맺고 있었습니다. 여러 부족 중 특히 하이두이 족은 당시 헬베티 족, 세콰니 족, 게르

> **갈리아 지방**
> 로마 제국의 멸망 이전까지 존속했던 지방으로 라인 강과 알프스 산맥을 거쳐 대서양에 이르는 지역을 말합니다. 현재의 프랑스, 벨기에, 스위스 서부, 그리고 라인 강 서쪽의 독일을 포함하는 지방이 이에 해당하죠. 그리고 카이사르가 로마의 속주로 북부 이탈리아까지 포함시키기도 했습니다.

만 족 등의 압박을 심하게 받고 있었습니다.

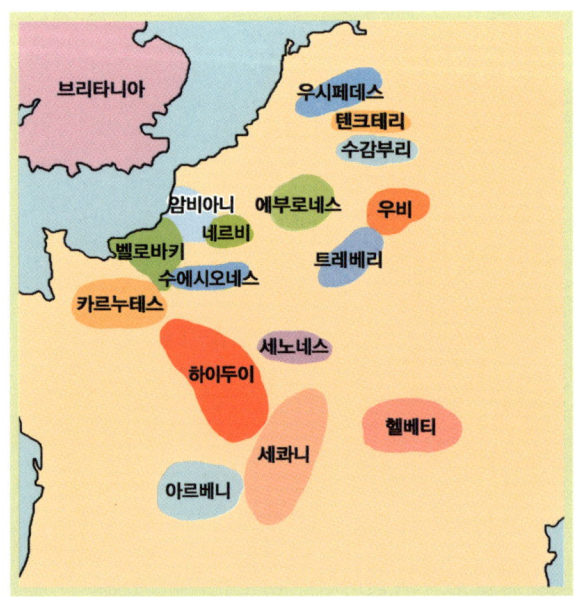

갈리아 지역의 부족국가

"카이사르 님! 헬베티 족이 우리 하이두이 족을 공격하려 합니다. 자비를 베푸소서."

"좋다. 내가 로마의 힘을 보여주겠다."

하이두이 족은 지방 총독으로 온 카이사르에게 도움을 요청했고, 카이사르는 그 요청을 수락함으로써 갈리아 전쟁이 시작됩니다.

"헬베티 족이 라인 강을 건너기 시작합니다."

"결국 그 놈들이 내 경고를 무시하고 강을 건너기 시작했군."

카이사르는 헬베티 족에게 라인 강을 건너면 공격하겠다고 경고를 보낸 후였습니다. 그런데도 헬베티 족이 라인 강을 건너자 카이사르는 지체 없이 공격 명령을 내립니다.

"헬베티 족을 공격하라."

카이사르는 솜 강 연안에서 헬베티 족을 기습했습니다. 그리고 달아나는 헬베티 족을 쫓아 비브락테 전투에서 승리하고 협정을 맺습니다.

전쟁 2년째인 기원전 57년에는 갈리아 북동부(지금의 벨기에 지방)에 있는 수에시오네스 족을 물리치고, 벨로바키 족, 암비아니 족과 차례로 강화를 맺어 대서양 연안 부족을 평정합니다.

"원로원에서 로마로 돌아오라고 하십니다."

갈리아 전쟁에서 카이사르가 계속 승리를 하자 그의 인기는 로마에서 높아져만 갔습니다. 결국 원로원은 크라수스, 폼페이우스와 함께 카이사르를 로마 정치의 핵심 인물로 인정하기 시작합니다.

이것이 제1차 삼두 정치의 시작이었습니다.

카이사르가 로마에서 크라수스와 폼페이우스를 만나는 동안에도 갈리아 전쟁은 계속되고 있었습니다.

전쟁 4년째인 기원전 55년에는 카이사르가 직접 라인 강으로 진격하여 우시페테스 족과 텐크테리 족을 물리쳤습니다. 그리고 라인 강을 넘어 수감부리 족을 공격하고 우비 족과 평화 협정을 맺습니다.

"브리타니아를 정복하겠다."

전쟁 5년째인 기원전 54년 카이사르는 지금의 영국인 브리타니아를 공격하기로 결정합니다.

카이사르가 이끄는 로마군은 도버 해협을 건너 브리타니아 인들의 게릴라 전술을 물리치고, 템즈 강을 건너 브리타니아의 카시벨라우누스와 강화 협정을 맺고 돌아옵니다.

그해, 갈리아 지방에서는 밀농사가 흉작이 들어 식량이 부족해졌습니다. 카이사르는 군단을 여덟 개로 나누어 겨울을 나게 했습니다.

겨울을 보내던 카이사르 군단 15개 대대의 병사 9천 명이 에부로네스 족의 족장 암비오릭스의 계략에 말려들어 모두 죽고 맙니다.

"카이사르 님, 큰일 났습니다. 우리 15개 대대가 당했다는 소식을 듣고 벨가이 족 6만 명이 키케로의 겨울 숙영지를 포위 공격하고 있습니다."

"감히 이 카이사르 군대를 건드렸겠다."

카이사르는 즉시 군단을 모아 키케로를 구하러 달려갔고 반란 부족을 격파해 버립니다.

위기를 넘긴 카이사르는 전쟁 6년째인 기원전 53년, 반란을 일으킨 네르비 족을 제압한 후 파리에서 갈리아 부족장 회의를 주재합니다.

"부족장 회의에 참석하지 않는 부족은 반란 세력으로 간주하겠다."

카이사르의 선언에 결국 세노네스 족과 카르누테스 족이 복종을 합니다. 이로써 후방 지역을 안정시킨 카이사르는 로마에게 불만을 품고 있던 트레베리 족을 격파해 버립니다.

이제 갈리아 전쟁은 7년째로 접어들고 있었습니다.

"이대로 로마에게 당하고 있을 수만은 없다. 모든 부족들이 힘을 합쳐 카이사르를 몰아내자!!"

기원전 52년 아르베르니 족의 족장이 된 베르킨게토릭스가 갈리아 부족 모두 힘을 합쳐 로마와 대항하자고 외칩니다.

"나도 따르겠소."

"우리 부족도 따르겠소."

갈리아의 부족들은 베르킨게토릭스의 외침에 적극적으로 따르기 시작합니다.

"이놈들이 모두 힘을 합쳤단 말이지. 모든 군단들을 모이게 하라."

카이사르는 갈리아 중부로 달려가 모든 군단을 하나로 모아 반란에 맞섰습니다. 그는 먼저 농성하는 갈리아군을 격파하지만 게르고비아에서는 성공하지 못하고 철수해야만 했습니다.

"카이사르 뒤를 쫓아라."

갈리아 군대는 철수하는 카이사르를 추격했지만 카이사르는 추격하는 갈리아 군대를 격파해 버립니다.

"일단 알레시아 요새로 들어가서 전열을 재정비한다."

카이사르에게 패한 베르킨게토릭스는 알레시아 요새에서 6만 명의 병력으로 버티기 시작합니다.

"이번 기회에 반란의 뿌리를 뽑아 버리겠다."

카이사르는 알레시아에 요새를 포위한 채 공격을 계속합니다.

"카… 카이사르 님, 큰일 났습니다."

"무슨 일인데 그러느냐?"

"우… 우리 로마군이 포위당했습니다."

"뭐라고?"

갈리아 부족 연합은 20만이 넘는 대군으로 알레시아 요새를 포위하고 있는 로마군을 뒤에서 포위를 한 것입니다. 카이사르는 앞뒤로 적과 싸워야 하는 상황에 놓이게 되었습니다.

"어차피 상대는 여러 부족들이 모인 오합지졸이다. 우리가 버티기만 하면 적은 스스로 무너질 것이다."

카이사르의 말에 용기를 얻은 로마군은 9월까지 끈질기게 양쪽의 공격을 막아 냅니다.

"부족들끼리 의견 충돌이 일어난 것 같습니다."

시간이 가도 카이사르를 이기지 못하자 모여 있던 부족들이 서로 싸우더니 하나 둘 흩어질 생각을 하기 시작합니다.

"지금이다! 공격!"

카이사르는 이때를 놓치지 않고 갈리아 부족 포위군을 격파해 버립니다.

"졌… 졌다."

결국 베르킨게토릭스는 무기를 버리고 카이사르에 항복하고 맙니다.

갈리아 전쟁은 사실상 이때 끝이 나게 되지요.

갈리아 전쟁의 마지막 해인 기원전 51년, 카이사르는 알레시아 공방전 이후 전후 처리를 하여 모든 갈리아 부족을 로마에 복속시켜 버립니다.

갈리아 전쟁의 결과 카이사르는 로마 최고 권력자의 위치에 올라서게 됩니다. 그리고 로마 원로원이 카이사르를 견제하기 위해 그를 로마로 소환했다가 로마는 내전에 빠지게 됩니다.

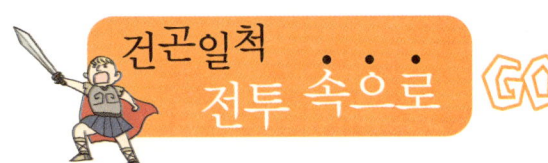 

전투명 : 카이사르의 로마 진격
전투시기 : 기원전 49년

"카이사르는 군대를 해산하고 로마로 귀환하라!!"

기원전 50년, 폼페이우스가 주도하는 원로원에서는 갈리아 전쟁을 막 마친 카이사르에게 집정관 임기가 만료되었으므로 군대를 해산하고 로마로 귀환하라는

천상천하 로마독존 **카이사르의 갈리아 전쟁**

명령을 내립니다.

"나보고 로마로 귀환하라고?"

"그렇습니다. 원로원에서 보낸 명령서에는 분명 그렇게 쓰여 있었습니다. 게다가……"

보고를 하고 있는 카이사르의 부하 장군이 말을 잇지 못합니다.

"무슨 일인데 말을 하다 마느냐? 어서 계속 말을 해 보거라."

"그게… 원로원에서 카이사르 님의 두 번째 집정관 출마를 못하게 했습니다. 집정관 선거에 아예 나가지 못하게 법을 만든 것이죠."

"뭐라고!"

부하 장군의 말을 들은 카이사르는 충격에 빠집니다. 집정관은 죄를 저지르고도 벌을 받지 않는 면책권을 가지는데 그걸 없애겠다는 의도였기 때문입니다.

"게다가 혼자 오란 말이지. 군대를 해산하고?"

군대가 없는 카이사르가 로마에 가면 죽음뿐이었습니다.

"폼페이우스 이놈! 감히 네가 날 죽이겠다고!"

카이사르는 원로원의 명령에 따르지 않겠다고 마음먹습니다. 그러자 폼페이우스는 카이사르를 불복종과 대역죄 혐의로 고발해 버립니다.

"결국 이 방법 밖에 없는가."

기원전 49년 1월 10일, 카이사르는 단 일개 군단만 이끌고 이탈리아 북부 경계선인 루비콘 강을 건너 로마로 향합니다.

"주사위는 던져졌다."

카이사르는 이 말과 함께 루비콘 강을 건너는 순간 로마의 내전은 사실상 끝이 난 거나 마찬가지였습니다. 갈리아 전쟁에서 승리한 카이사르 군대를 이길 로마군은 없었기 때문입니다.

"카이사르가 로마를 향해 진격해 온다."

카이사르의 진격 소식이 로마에 전해지자 로마 원로원은 혼란에 빠집니다.

"카이사르가 오기 전에 로마를 빠져나가야 한다."

메텔루스 스키피오와 소 카토를 비롯한 귀족들은 로마를 버리고 남쪽으로 도망쳐 버렸습니다. 그리고 이탈리아 북부의 수많은 도시들은 카이사르에게 항복해 버리고 말았죠.

"폼페이우스를 잡아라!"

카이사르는 폼페이우스를 잡으려고 했지만 폼페이우스는 이미 배를 타고 로마를 떠난 후였습니다. 로마를 점령한 카이사르는 이후 로마의 권력을 장악하게 됩니다.

 **전쟁 속 무기** 이야기 –로마 군단

초기의 로마 군단은 그리스의 밀집 장창 보병대와 비슷했지만, 시간이 지나면서 다양한 전술을 개발하여 가장 강력한 보병집단이 되었습니다.

로마 군단은 100명으로 구성된 백인대, 6개의 백인대가 모여서 대대가 만들어지고, 그리고 10개의 대대가 모여 군단이 됩니다. 군단의 중심인 중장보병은 투창과 방패, 히스파니아에서 도입된 근접전에서 사용하는 짧은 검으로 무장했습니다.

폼페이우스라는 강력한 경쟁자가 사라지자 로마는 카이사르의 손에 넘어옵니다.

"집정관에 안토니우스를 임명한다."

카이사르는 집정관 자리에 안토니우스를 앉히고 자신은 그 위의 종신 독재관 자리에 올라 로마 정치를 한 손에 집어넣습니다.

"로마를 개혁하겠다."

권력을 잡은 카이사르는 귀족들의 이익 때문에 못 하고 있던 개혁들을 하나 둘씩 이뤄 나가기 시작합니다.

달력을 개정하고 통화를 개혁했으며, 시민권을 확대하고 사법개혁·복지정책 실시·식민지정책·건설 사업 등 많은 개혁 정치들을 이루어 냅니다. 카이사르의 이러한 정책은 로마가 귀족 중심의 공화정에서 대제국으로 나아가는 발판이 되었습니다.

"카이사르는 개혁가가 아니고 독재자다."

"맞아. 로마의 공화정이 무너지고 있어."

"이제 최후의 방법을 쓸 수밖에 없어."

카이사르의 1인 독재에 대해 불만을 품은 귀족 세력들이 카이사르 암살을 계획합니다. 이 계획에는 카이사르가 총애하고 아끼던 데시무스 브루투스도 끼어 있었습니다.

기원전 44년 3월 운명의 날, 원로원 회의장으로 들어가는 카이사르를 14명의 귀족들이 둘러쌉니다.

"죽어라! 카이사르!"

그들은 옷에 숨겨 두었던 단도를 꺼내 카이사르를 무차별하게 찔러 버립니다. 카이사르는 총 23곳에 상처를 입고 쓰러졌습니다.

"브루투스, 너마저······."

카이사르는 죽어가면서 암살에 참가한 브루투스를 부르며 죽음을 맞이하고 맙니다. 아이러니하게도 쓰러진 장소는 그의 정적이었던 폼페이우스의 동상 앞이었다고 합니다.

귀족 공화주의자들은 카이사르가 독재자라는 이유로 암살을 했지만 카이사르 이후 로마는 안토니우스, 레피두스, 옥타비아누스의 제2차 삼두정치가 성립하게 됩니다. 그리고 암살파와의 내전에 들어가게 되죠.

제2차 삼두정치에서 최종 승리한 옥타비아누스는 정권을 얻은 후 로마의 초대 황제로 되어 버립니다. 결국 귀족 공화주의자들의 암살은 역설적으로 로마 공화정을 멸망시키는 결과를 초래하고 맙니다.

 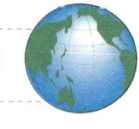

기원전 108년 고조선 멸망
기원전 57년 신라건국
기원전 37년 고구려 건국
기원전 18년 백제 건국

맞수 대격돌 — 안토니우스 대 옥타비아누스

"으하하핫! 이제 로마는 내 것이다."

카이사르가 암살을 당하자 로마는 그의 후계자 자리를 놓고 긴장감이 높아갑니다. 제일 먼저 움직인 사람은 군사력을 장악하고 있던 안토니우스였습니다.

"옥타비아누스 님! 안토니우스가 카이사르 님의 후계자라고 선언했습니다."

"안토니우스가 나를 우습게보나 보군."

카이사르의 조카 아들 가이우스 옥타비아누스는 안토니우스의 행동을 비웃었습니다. 카이사르는 죽기 전에 이미 가이우스 옥타비아누스를 자신의 유일한 후계자로 정해 두었습니다.

"옥타비아누스가 카이사르 님의 정식 후계자다!"

카이사르의 정책을 열렬히 지지했던 로마의 중산층과 하층민들은 단숨에 옥타비아누스를 후계자로 인정하기 시작했습니다.

"제길, 날 후계자로 인정하지 못하겠다는 거지? 그럼 내 힘으로 후계자가 되겠다."

안토니우스는 후계자로 인정받기 위해 브루투스 등 살아남은 귀족들과 전쟁을 벌이기 시작합니다.

당시 19살이었던 옥타비아누스는 안토니우스가 귀족들과 전쟁을 벌이는 동안 힘을 기르기 시작합니다. 그리고 모든 준비를 마친 옥타비아누스는 안토니우스와 카이사르에게 충성하던 기병 지휘관 레피두스와 함께 제2차 삼두정치를 하게 됩니다. 이는 어린 옥타비아누스가 나라를 이끌 힘이 생겼다는 증거였죠.

안토니우스는 카이사르와 사실상 부부였던 클레오파트라와 결혼하여 막대한 이집트 재산을 이용하려 합니다. 카이사르의 막대한 재산을 물려받은 옥타비아누스를 의식해서였죠.

"이제 옥타비아누스에게 카이사르의 후계자 자리를 빼앗아야 할 때다."

자신감을 찾은 안토니우스는 옥타비아누스와 전쟁을 벌입니다.

그러나 안토니우스는 마지막 싸움인 악티움 해전에서 옥타비아누스에게 패하고 맙니다.

"내가 이제부터 로마의 황제가 되겠다."

안토니우스를 물리친 옥타비아누스는 초대 로마 황제로 올라서게 됩니다.

천하를 좌지우지하다. 여왕 클레오파트라

6 성지 예루살렘을 사수하라!
중세의 성립과 십자군 전쟁
1096년~1270년

476년 로마 최후 황제인 로물루스 아우구스툴루스가 쫓겨나면서 로마는 멸망하고 맙니다. 유럽사회는 교황이 지배하는 중세 사회로 변해 갑니다.

"성지 예루살렘을 되찾아야 한다."

클레르몽 공의회에서 교황 우르바노 2세가 이슬람교도들이 차지하고 있는 예루살렘을 되찾자고 제안합니다.

"예루살렘을 되찾아서 뭣에 쓴다고 그러지?"

"맞아. 이슬람교도들은 성지순례 여행도 허락하고 있잖아."

"예루살렘을 찾으러 원정을 떠나면 세 가지가 좋다네."

한참 이야기를 나누고 있는 사람들은 말을 꺼낸 남자를 바라봅니다.

예루살렘
예루살렘은 그리스도교를 기반에 둔 성지입니다. 로마가 그리스도교 국가가 된 후, 성지 예루살렘을 순례하기 위한 그리스도 교도들로 붐비기도 했지요. 예로부터 이곳은 많은 국가의 침략으로 인한 각축장이 되었습니다.

중세 유럽 국가의 성립

"첫 번째는 교황이 동방정교회를 로마 가톨릭 관할권 아래로 통합하려는 거고, 두 번째는 서유럽 영주들은 큰 아들 이외의 아들들은 상속권이 없잖아. 그럼 예루살렘을 차지하면 새로운 땅이 생기니까 그들이 거기에서 영주를 하면 되지."

"오~ 그러네."

"마지막 세 번째는 도시 상인들은 물건을 팔 수 있는 새로운 시장이 생기는 거니까 모두한테 좋은 거지."

"우와! 그런 게 있었네. 어서 십자군에 지원하자고!"

이런 이해관계가 얽혀서 십자군 원정은 시작됩니다.

제1차 십자군 원정은 1096년에 시작됩니다. 당시 이슬람 세계의 통치자들은 서로 힘을 합치지 못하고 분열되어 있던 시기라 십자군에 공격에 제대로 대응하지 못했습니다.

1차 십자군은 니케아를 공격하여 점령하고 안티오키아를 공략합니다.

하지만 1차 십자군을 이끌던 아데마르 주교가 전쟁 도중에 죽자, 십자군들 간에 유대감이 사라지고 서로 싸우는 지경까지 이릅니다.

"그래도 우리는 예루살렘에 가야 한다."

이렇게 1차 십자군은 어렵게 1099년 예루살렘을 정복하는데 성공합니다.

성 안으로 들어온 1차 십자군은 많은 시민들을 학살하고, 재물을 약탈하는 만행을 저질렀습니다. 그 결과, 시리아에서부터 팔레스타인에 이르는 중동 지역에 예루살렘 왕국을 비롯한 몇 개의 십자군 국가를 세우고 1차 십자군은 끝이 납니다.

1147년 시작된 제2차 십자군 원정은 이슬람의 영웅 이마드 앗 딘 장기가 등장하면서 시작됩니다. 이 때문에 서유럽은 긴장감에 휩싸입니다.

"성지가 이교도 이마드 앗 딘 장기에게 짓밟히고 있다. 우리는 다시 십자군을 결성해야 합니다."

교황 에우제니오 3세의 호소로 또다시 십자군이 결성되었습니다. 프랑스의 루이 7세와 독일의 콘라트 3세를 중심으로 많은 참가자들이 모였지만, 전체적으로 통제가 되지 못하고 큰 전과를 이룩하지 못한 채 소아시아 등지에서 이슬람군에게 패배하고 맙니다.

제3차 십자군 원정은 1189년에 다시 시작됩니다.

1187년에 이슬람교 세계의 영웅인 살라딘에 의해, 대략 90년 만에 예루살렘을 이슬람교 측에 다시 빼앗겨 버립니다.

이 소식을 들은 영국의 사자왕 리처드, 프랑스의 존엄왕 필리프, 그리고 신성로마제국의 바르바로사 프리드리히가 전쟁 참가를 결정합니다.

하지만 원정 도중 프리드리히 1세는 1190년에 무거운 갑옷을 입은 채 강을 건너다 미끄러져서 물에 빠져 죽습니다.

그리고 필리프 2세는 1191년에 아크레를 탈환한 뒤 자신의 임무는 끝났다면서 귀국하고 맙니다. 사실은 리처드 1세가 없는 틈에 프랑스 내 잉글랜드령을 탈환하고자 한 속셈이었습니다. 이렇게 되자 3차 십자군은 사자왕 리처드의 십자군이 되고 맙니다.

"우리도 돌아가야 합니다. 어차피 예루살렘을 점령해 봐야 우리가 떠나면 다시 이슬람의 손에 떨어지게 됩니다."

"맞습니다. 게다가 필리프 2세가 프랑스에 있는 우리 영국 땅을 차지하려고 한다는 소문도 있습니다."

결국 사자왕 리처드는 살라딘과 휴전 협정을 맺고 돌아가 버립니다.

"어떻게 해야 성지를 되찾을 수 있단 말인가?"

교황 인노첸시오 3세는 계속된 십자군의 실패에 고민에 빠집니다.

1202년 교황 인노첸시오 3세의 요청에 따라 제4차 십자군 원정이 시작됩니다. 이슬람교의 본거지인 이집트 공략을 목표로 출발하려고 했지만 뱃삯이 부족한 상황 때문에 베네치아 공화국이 수송을 거부해 버립니다.

"헝가리 왕국을 빼앗아주면 이집트로 태워다 주겠소."

4차 십자군 원정군은 뱃삯의 부족분을 채우기 위해 헝가리 왕국을 공격합니다.

"같은 기독교 국가인 헝가리 왕국을 공격한 베네치아 공화국을 파문한다."

로마 교황청은 베네치아를 파문해 버립니다.

그럼에도 불구하고 베네치아는 헝가리를 공격한 다음에 비잔틴 제국의 수도 콘스탄티노폴리스를 점령하고 플랑드르 백작 보두앵이 새 황제가 되어 라틴 제국을 건국하였습니다.

교황청은 라틴 제국을 승인해줄 테니 예루살렘으로 원정을 떠나라고 재촉하지만, 원정은 끝내 이루어지지 않습니다. 이때부터 십자군 전쟁은 차츰 원래의 순수한 뜻을 잃어가기 시작합니다.

1218년에 실시된 제5차 십자군 원정은 예루살렘 왕국의 후신 아크레 왕국의 장 드 브리엔느 등이 이슬람교의 본거지인 이집트를 공략하였으나 실패하고 맙니다.

1228년에는 교황 그레고리우스 9세가 십자군 파병을 조건으로 신성로마제국의 황제로 임명하지만 프리드리히 2세는 움직이지 않습니다.

교황청은 프리드리히 2세가 이를 이행하려 하지 않자 그를 파문해 버립니다.

어쩔 수 없이 1228년에 프리드리히 2세는 파문된 채로 제6차 십자군을 일으킵니다.

"지금 이집트 아유비드 왕조의 술탄 알 카밀은 내란으로 골치를 썩고 있어. 잘만 이용하면 피를 흘리지 않고 평화 조약을 체결할 수 있다고."

프리드리히 2세는 외교정책을 통해서 평화 조약을 체결할 수 있었습니다. 그 결과 프리드리히 2세는 예루살렘의 통치권을 넘겨받습니다.

"감히 파문당한 사람이 예루살렘의 통치자가 되다니! 용서할 수 없다."

교황 그레고리오 9세는 교회로부터 파문된 채로 있던 프리드리히 2세가 예루살렘의 통치자가 된 것을 구실 삼아, 프리드리히 2세에 대한 십자군을 일으켰지만 프리드리히 2세에게 패하고 맙니다. 결국 교황청은 1230년에 프리드리히 2세의 파문을 풀어 줍니다.

한편, 1239년에 맘루크 왕조가 예루살렘을 다시 점령하면서 휴전은 끝이 나고 맙니다. 그리고 1239년부터 1240년에 이르기까지 프랑스의 제후 등이 원정에 나섰지만, 역시 싸우지 않은 채 귀환하고 맙니다.

1248년 제7차 십자군 원정은 1244년에 예루살렘이 이슬람교 측의 공격을 받아 함락당하면서 2천 명 남짓한 그리스도 인들이 학살당한 사건 때문에 시작됩니다.

오랫동안 십자군 원정을 준비한 프랑스의 성왕 루이가 1248년에 원정을 시작하여 이듬해 다미에타를 정복합니다.

"이제 이집트만 정복하면 전쟁에서 이길 수 있다."

하지만 살라딘 2세가 이끄는 이집트군의 강한 저항에 부딪혀 패하고, 1250년 그 자신도 포로가 되어 막대한 배상금을 지불하고 석방됩니다.

성왕 루이는 1270년 이집트의 맘루크 왕조를 재차 공격합니다. 이것이 제8차 십자군 원정입니다.

이때 시칠리아 왕인 루이의 동생 샤를도 형을 도와 군대를 움직이지만, 성왕 루이는 1270년 튀니스에서 병으로 죽고 맙니다.

맘루크 왕조의 왕 바이바르스는 계속 전진하여 트리폴리를 차지하고, 1291년에는 팔레스타인에 마지막 남은 십자군 지역인 아크레마저 점령하여 사실상 십자군은 끝이 나고 맙니다.

1096년부터 1270년까지 200년에 걸친 십자군 운동은 이슬람으로부터 예루살렘을 차지하지 못했지만 유럽과 중동의 역사와 문화에 큰 영향을 미칩니다.

이탈리아 도시국가들은 정치적·경제적으로 많은 혜택을 받게 되었죠. 그리고 이는 후에 벌어지는 르네상스 운동까지 이어집니다.

무엇보다 중요한건 200년간 십자군 운동을 주도한 교황의 권위가 땅에 떨어졌다는 점입니다. 유럽 중세를 지배하고 있던 교황의 권위가 약해지자 유럽 각국의 왕들의 권한이 강해지면서 중세 사회가 해체되기 시작합니다.

전투명 : 예루살렘 공방전
전투시기 : 1187년

"살라딘이 밀려온다."

1차 십자군 전쟁으로 탄생한 예루살렘 왕국은 1187년 7월 하틴 전투에서 치명적인 패배를 당하고 맙니다. 국왕을 포함한 대부분의 귀족은 포로로 잡혔고, 여름 동안 살라딘은 예루살렘 왕국의 대부분을 차지합니다.

이제 살라딘에게 저항하는 곳은 예루살렘 하나 밖에 남지 않았습니다.

"예루살렘으로 들어가는 걸 허락해 주십시오."

이벨린의 발리앙은 자신의 아내와 가족들을 구출하기 위해 살라딘에게 예루살렘으로 안전하게 들어갈 수 있는 길을 열어 달라고 정중히 요청합니다.

"무기를 들지 않고, 예루살렘에 하루 이상 머물지 않는다면 보내 주겠다."

살라딘은 관대한 인물답게 발리앙이 예루살렘으로 들어가는 걸 허락해 줍니다.

"이교도와 한 약속은 지킬 필요가 없소. 우리는 성지 예루살렘을 지킬 의무를 다해야 하오."

발리앙이 예루살렘에 도착하자 주교 헤라클리우스와 시빌라 여왕을 포함한 주민들은 발리앙에게 예루살렘을 지킬 자신의 의무를 다해야 한다고 말합니다.

"좋소. 예루살렘을 지키기 위해 싸우겠소."

결국 발리앙은 살라딘과 맞서 싸우기로 결심합니다.

"발리앙이 약속을 어기다니. 내 직접 예루살렘을 정복하겠다."

발리앙은 예루살렘 시민 대표를 통해서 아스칼론에 있는 살라딘에게 자신의 결정을 알렸고, 살라딘은 예루살렘 직접 공격합니다.

"돌을 쏘아라!"

"화살을 더 퍼부어!"

살라딘의 군대는 예루살렘을 향해 공격을 개시합니다. 살라딘 궁수들은 성벽에 계속 화살을 날렸고, 공성무기들도 연신 불을 뿜었습니다.

"막아라! 신성한 성지를 지켜라."

발리앙의 지휘 아래 예루살렘은 있는 힘을 다해 살라딘 군대의 공격을 막아 냅니다. 하지만 처음부터 살라딘을 이길 수 없는 전투였습니다.

"이대로 계속 버티다가는 성 안에 시민들이 모두 죽게 될 것이오. 내가 다시 살라딘과 협상을 하겠소."

9월 말 발리앙은 살라딘을 만나 항복을 제안합니다. 그러나 살라딘은 약속을 어긴 발리앙의 제안을 거절합니다. 하지만 협상 기간 동안에도 살라딘의 군대는 예루살렘을 함락시키지 못하고 있었습니다.

"좋다. 항복을 받아들이겠다."

살라딘은 결국 발리앙의 항복을 받아들입니다. 그리고 발리앙은 항복 협상에서 3만 베잔트(금화)로 7천 명의 주민들을 노예로 삼지 않고 석방하는데 성공합니다.

이후 서유럽에서 제3차 십자군이 조직되어 예루살렘을 다시 찾기 위해 몰려가지만 실패하고, 그 후 제6차 십자군 당시 신성로마제국 황제 프리드리히 2세가 외교교섭을 통해 예루살렘을 회복하였으나, 1244년 이것도 잃어버립니다. 그리고 예루살렘은 유럽의 품에 돌아오지 못하게 됩니다.

 전쟁 속 무기 이야기 –그리스의 불

그리스의 불은 비잔틴 제국 시대에 그리스 인들이 사용한 해군용 액체 화약입니다. 주재료는 황, 주석, 수지, 암염, 경유, 정제유를 혼합한 물질이고, 이를 반 액체 상태로 만듭니다. 이것을 항아리에 담아 날려 보내기도 하고, 호스 모양의 관을 이용해서 적의 함선에 발사했습니다. 물로 끌 수도 없어 특히 해전에서 효과가 컸습니다.

역사에서 만약이란!

"이교도들에게는 자비란 없다."

1096년 처음 시작된 제1차 십자군 원정대는 종교적 신념에 가득 차 있었습니다. 게다가 새로운 세계를 정복해서 부와 명예를 차지하겠다는 기사들의 열망까지 더해져서 예루살렘으로 향하게 됩니다.

"저기가 예루살렘이다."

원정 도중 아데마르 주교가 갑작스럽게 죽는 바람에 어수선한 분위기였던 1차 십자군들은 예루살렘 앞에 도착합니다.

"자! 예루살렘을 점령하자."

종교적 신념과 자신들에게 돌아올 이익에 눈이 먼 1차 십자군들은 앞을 다투어 예루살렘을 공격하기 시작했습니다.

당시에 힘이 약했던 이슬람은 결국 예루살렘을 1차 십자군에게 내주고 맙니다.

"예루살렘을 함락시켰다."

"만세! 성지를 회복했다."

예루살렘을 되찾았다는 사실에 1차 십자군들은 흥분에 휩싸입니다.

"이교도를 죽여라."

"이교도들의 재산을 모두 빼앗아라!"

1099년 예루살렘을 정복한 1차 십자군들은 성 안의 많은 시민들을 학살하고, 재물을 약탈해 버렸습니다.

당시 이슬람은 기독교 신자들의 예루살렘에 대한 성지순례를 막지 않았습니다. 누구나 돈과 시간만 있으면 예루살렘에 갈 수 있었죠. 하지만 십자군 원정 기간 동안 십자군들은 이교도란 이유만으로 많은 사람들을 죽였고, 이에 자극받은 이슬람도 보복을 했습니다.

결국 기독교와 이슬람은 서로 원수처럼 변해 버립니다. 만약 십자군 원정 당시 이런 학살이 없었다면 지금의 종교 갈등은 조금은 덜할 수 있었을 겁니다.

979년 송나라 중국 통일
1125년 금나라가 요나라를 멸망시킴
1127년 남송 건국
1206년 칭기즈칸이 몽골을 통일
1234년 몽골이 금나라를 멸망시킴

맞수 대격돌 　사자왕 리처드 대 살라딘

3차 십자군을 이끌던 사자왕 리처드와 이슬람의 영웅 살라딘이 마주 보고 앉아 있었습니다.

"살라딘, 예루살렘 성지에서 당장 나가시오."

"예루살렘은 이슬람의 성지이기도 하오."

"이슬람은 이교도요. 이교도에게 성지를 맡겨둘 수 없소."

"그렇소. 기독교 입장에서 보면 우리 이슬람은 이교도요. 하지만 기독교가 반드시 정의라고 할 수 있소?"

살라딘의 질문에 사자왕 리처드는 할 말을 잃었습니다.

"우리 이슬람은 기독교인들의 예루살렘 방문을 막지 않고 있소. 그런데 당신들은 어떻게 했소?"

"우리가 어떻게 하다니?"

"당신이 이끄는 십자군들은 자비심이 부족하오. 이교도라는 이유만으로 많은 사람들을 학살하지 않았소."

"우리가 무슨 학살을 했단 말이오!"

살라딘의 말에 사자왕 리처드가 화를 내며 말했습니다.

"당신과 난 지금 휴전 협정 중이오. 그런 와중에도 당신은 우리 이슬람 포로 2,700명을 학살하지 않았소."

"그… 그것은……."

살라딘의 지적에 사자왕 리처드는 말을 더듬었습니다. 살라딘의 말은 사실이었기 때문입니다.

"난 싸움을 좋아하지 않소. 십자군에게 아크레 소유권을 인정하고 비무장 기독교 순례자의 예루살렘 방문을 허락하겠소. 그러니 이만 돌아가시오."

1192년 사자왕 리처드와 살라딘은 3년간의 휴전 협정을 맺게 됩니다.

"살라딘 그는 진정한 영웅이었다."

사자왕 리처드는 중동을 떠나는 순간 남긴 마지막 말이었습니다.

맹목적인 종교의 광기. 어린이 십자군(소년 십자군)

7 유럽 대륙을 향한 야욕
프랑스와 영국의 백년 전쟁
1337년~1453년

"더 이상 교황은 우리를 지배할 수 없다."

200년 가까이 진행되었던 십자군 전쟁이 끝이 나자 유럽 사회를 지배하고 있었던 교황의 권위는 바닥에 떨어집니다. 교황의 권위가 약해지자 그 자리를 각 나라의 왕들이 차지합니다. 차츰 유럽의 봉건제도가 무너지고, 왕이 중심이 되는 절대왕정의 시대로 넘어가게 된 거죠.

이런 시대적 상황 속에서

백년 전쟁 전후 영국령의 변화

영국과 프랑스 사이에서는 영토문제로 백 년 간 싸운 백년 전쟁이 일어납니다.

"프랑스 왕 샤를 4세가 돌아가셨습니다."
에드워드 3세가 다스리고 있는 영국에 프랑스 왕의 죽음이 전해지자 영국은 묘한 흥분에 휩싸입니다.
"폐하, 지금이 기회입니다. 프랑스 왕위를 물려받을 권리를 주장하십시오."
"폐하의 어머니께서는 이번에 죽은 프랑스 샤를 4세의 누이였습니다. 즉, 폐하는 샤를 4세의 조카가 되십니다."
"그렇지. 프랑스 왕의 조카면 나에게도 프랑스 왕위 계승권이 있지."
에드워드 3세가 왕위 계승권을 주장하자 그에 맞서 프랑스는 중세 프랑스 발루아 왕조 필리프 3세의 손자인 발루아 백작을 왕으로 결정해 버립니다.
"뭐, 별수 없지. 새로 프랑스 왕이 된 발루아 백작, 아니 필리프 6세에게 축하 편지를 보내라."
에드워드 3세는 처음에는 이를 순순히 받아들입니다.

"폐하, 큰일 났습니다. 필리프 6세가 기옌 지방 영지를 몰수하겠다고 합니다."
새로 프랑스 왕이 된 필리프 6세는 프랑스 내에 다른 왕의 세력이 존재하는 것을 두려워하여 1337년 에드워드 3세의 영토인 기옌 영지를 몰수해 버립니다.
"좋게 끝내려고 했는데 나를 건드려! 이럴 바에는 아예 프랑스 왕이 되겠다."
에드워드 3세는 다시 프랑스 왕위를 요구했고, 플랑드르로 군대를 보냅니다.
"영국군이 몰려오고 있습니다."
신하들은 겁먹은 표정으로 필리프 6세를 바라보았습니다.
"호들갑 떨지 마라. 일단 우리가 하던 대로 방어를 하면 된다."

중세의 전쟁 방식은 쌍방이 격돌해서 승부를 가리는 방법도 있었지만 그보다 더 많이 쓰인 방법은 요새를 겸한 주요 도시를 오랫동안 포위 공격하는 것이었습니다.

결국 에드워드 3세의 영국군에 맞서 싸운 필리프 6세는 성문을 걸어 잠그고 방어만 하는 것이었습니다.

프랑스가 계속 방어만 하자 에드워드 3세가 이끄는 영국군의 진격 속도는 느리기만 했습니다.

"뭔가 새로운 방법을 찾아야 돼!"

에드워드 3세는 고민 끝에 새로운 무기 체계인 장궁을 이용해서 1346년 크레시 전투에서 큰 승리를 하게 됩니다.

큰 승리를 거둔 영국군은 칼레 시를 포위 공격해서 1347년 점령하게 됩니다.

계속해서 프랑스군에 공격을 하던 영국군은 1356년 에드워드 3세의 큰 아들 흑태자 에드워드가 푸아티 전투에서 프랑스군을 격파해 버립니다.

게다가 필리프 6세에 이어 프랑스 왕이 된 장 2세가 잡혀 버리자 프랑스는 더 이상 전쟁을 할 수가 없었습니다.

"프랑스 왕을 풀어주는 대가로 조약을 맺어야 한다."

1360년 영국은 프랑스와 칼레 조약을 맺어 필리프 6세가 왕에 오를 때 즈음 가지고 있던 영국의 영토를 완전히 소유할 수 있는 소유권을 얻습니다.

"흑태자 님, 큰… 큰일 났습니다."

"무슨 일인데 이리 호들갑이냐?"

"감금되어 있던 장 2세가 그만 죽고 말았습니다."

"뭐라고!!"

칼레 조약의 효력이 발생하기 전에 장 2세가 감옥에서 그만 죽어 버립니다.

"감히 아버지를 죽였겠다! 용서하지 않겠다!"

장 2세의 뒤를 이어 프랑스 왕위에 오른 샤를 5세는 조약 준수를 거부하고 영국군을 공격합니다.

이번에는 영국 쪽이 프랑스에 맞서 방어를 하는 입장이 되었습니다. 영국군은 계속해서 성을 지켰지만 프랑스 내의 영국 점령지는 차츰 줄어들고 있었습니다.

1380년에는 샤를 5세의 죽음으로 잠시 휴전 상태로 빠집니다.

1413년 헨리 4세의 뒤를 이어 영국 왕이 된 헨리 5세는 프랑스가 왕위 계승 문제로 내분에 빠진 틈을 타 다시 프랑스 왕위를 요구하며 전쟁을 시작합니다. 게다가 이번에는 프랑스 왕위 쟁탈전에서 밀려난 필리프 공작을 동맹 세력으로 끌어들이는데 성공합니다. 그리하여 1422년까지 잉글랜드-부르고뉴 동맹은 파리를 포함한 루아르 강 이북 지역의 프랑스 땅과 아키텐을 지배하게 됩니다.

하지만 1422년에 헨리 5세가 그만 어린 아들만 남기고 죽어 버리고 맙니다. 곧 이어 통치 능력도 없고 무능하기만 하던 프랑스 왕 샤를 6세 역시 몇 주 뒤 죽어 버립니다. 그리하여 그의 아들 샤를 7세가 왕위를 이어 갑니다.

"이제 프랑스는 안정을 되찾을 것이다. 그 일을 잔 다르크가 앞장설 것이다."

1429년에 잔 다르크의 구원병이 기적처럼 영국군의 오를레앙 포위를 풀게 함으로써 전쟁은 프랑스 쪽으로 기울어져 갑니다.

"역시 영국군과 손을 잡는 건 어리석은 짓이었어. 프랑스는 넓은 나라야. 프랑스 각지에 있는 영주들의 지지를 받지 못하면 영국은 프랑스를 다스릴 수 없어."

필리프 공작은 1435년 프랑스 쪽으로 다시 돌아서 버립니다. 파리는 다시 프랑스 왕의 지배를 받게 됩니다.

게다가 영국에서는 왕위를 둘러싸고 장미전쟁이 터져 버립니다. 이틈을 타서 프랑스는 노르망디를 정복하고, 1453년에는 아키텐 지역을 점령합니다.

1558년 영국이 프랑스 땅에 마지막까지 가지고 있던 칼레를 정복하면서 백년 전쟁은 프랑스의 승리로 끝이 나게 됩니다.

백 년 동안이나 계속된 백년 전쟁은 서유럽 사람들의 생각에 많은 변화를 가져오게 됩니다. 영국은 수많은 승리와 실패를 맛본 끝에 더 이상 유럽 대륙을 점령하는 일을 포기합니다. 그리고 영국의 왕들은 국내 발전에 더욱 힘을 씁니다.

또한 힘들게 싸워서 프랑스를 지킨 프랑스 왕들은 단지 이름뿐인 왕에서 벗어나 독립 군주국가로 변해 갑니다.

전투명 : 크레시 전투
전투시기 : 1346년

1346년 7월 중순 영국의 에드워드 3세는 프랑스 코탕탱 반도에 약 4천 명의 중기병과 1만여 명의 장거리 활을 쏘는 궁수대를 상륙시킵니다.

"일단 센 강을 따라가면서 진격한다."

한편 프랑스 왕 필리프 6세는 1만 2천 명의 중기병과 많은 병력을 이끌고 에드워드를 향해 진격해 오고 있었습니다.

"방어 태세를 갖춰라."

에드워드 3세는 재빨리 크레시앙퐁티외에서 방어 태세를 취했습니다.

"양쪽에 기병대와 궁수들을 배치하라."

영국군은 에드워드 3세 명령에 따라 기병대와 궁수대를 배치했습니다.

"영국군의 궁수대 숫자가 많다. 우선적으로 영국군 궁수대 숫자부터 줄여라."

필리프의 명령에 따라 프랑스군 궁수대가 영국 진영을 활로 공격했습니다.

"반격하라."

영국군 궁수대 역시 일제히 프랑스군 궁수대를 향해 화살을 날렸습니다. 영국군 궁수대의 숫자가 많았기 때문에 프랑스 궁수대는 어쩔 수 없이 뒤로 밀려납니다.

"제길, 중기병을 돌격시켜라!"

무거운 갑옷으로 몸을 보호한 프랑스 중기병이 일제히 영국군을 향해 돌격해 들어갔습니다. 당시 화살로는 중기병의 갑옷을 뚫지를 못했기 때문에 중기병이 돌격하면 궁수대들은 막을 수 없었습니다.

"쏴라!"

그러나 영국군 궁수대는 이에 물러나지 않고 프랑스군 중기병을 향해 활을 발사했습니다.

"으악! 화살이 갑옷을 뚫는다."

"이게 어떻게 된 거야?"

영국군의 궁수대가 쏜 화살이 중기병의 갑옷을 뚫어 버린 것이었습니다. 영국 궁수대는 갑옷을 뚫을 수 있는 장궁을 가지고 있었기 때문에 가능한 일이었습니다.

영국군 궁수대는 프랑스 중기병을 향해 양쪽에서 화살 공격을 퍼부어 거의 전멸시켜 버립니다. 전투가 끝났을 때 필리프 6세는 부상만 입은 채 겨우 참사를 면할 수 있었습니다.

이 전투의 결과 프랑스는 영국군에게 주도권을 빼앗기고 본격적으로 밀리기 시작했습니다. 더 나아가 이 전투를 통해 지금까지 전쟁의 주력이었던 중기병이 더 이상 효과적이지 않다는 것이 판명되었습니다.

전쟁 속 무기 이야기 –장궁, 기사

유럽 중세의 영국에서는 장궁을 사용했는데, 이것을 롱 보우(Long bow)라고 합니다. 이름 그대로 활 가운데 긴 활을 가리킵니다. 역사적으로 일찍이 군대에 활을 도입한 고대 인도와 페르시아 제국에서 그 존재를 알 수 있습니다. 영국에서 사용된 롱 보우는 주로 나무로 만들어졌으며 길이는 150~180cm이고 무게는 0.6~0.8kg 가량

이며 사용하는 화살의 길이는 75~100cm 가량, 무게는 0.5~0.7kg 미만이었습니다. 화살촉 부분은 소켓 모양이고 끝을 예리하게 만든 단순한 모양이지만 그 재질은 강철이었습니다.

또한 중세 서유럽의 기사는 무장기병 전사를 가리킵니다.

원래는 기병전의 전투원이었고, 신분적으로는 귀족에 해당합니다. 엄밀히 말하면 국왕·공작·백작과 같은 대귀족이 아닌 지방의 소영주에게 흔히 기사의 칭호가 붙이는 경우가 대부분입니다.

기사는 강판제 갑옷으로 무장하고 뛰어난 전투 기술을 발휘해서 중세 전투의 핵심으로 활약합니다.

역사에서 만약이란!

"흑태자 에드워드를 잡아라."

1356년 잉글랜드 왕 에드워드 3세의 아들이자 후계자인 흑태자가 7,000명이 채 안 되는 병력을 이끌고 보르도에서 중부 프랑스까지 기습공격을 했습니다. 프랑스 왕 장 2세는 흑태자 에드워드를 잡기 위해 추격을 하고 있었습니다.

"이번 기회에 흑태자 에드워드를 잡아서 영국의 코를 납작하게 만들어 주겠다."

장 2세는 있는 힘을 다해 흑태자 에드워드를 추격해 갑니다.

"흑태자 에드워드가 푸아티 동쪽에서 발견되었습니다."

"좋다. 공격해라."

1356년 9월 17일 푸아티에 동쪽에서 전투를 벌였습니다.

그러나 일요일인 9월 18일 하루 동안 휴전한 덕분에 영국군은 푸아티의 남쪽 누엘레 근처 모페르튀 강 나루터 일대에 은신처를 확보할 수 있었습니다.

"에드워드 님, 프랑스군과 정면 대결해서는 승산이 없습니다. 후퇴해서 영국으로 돌아가는 게 좋을 것 같습니다."

"아니다. 오히려 여기는 프랑스군의 무덤이 될 것이다."

흑태자 에드워드는 자신이 있는 지형을 보고 승리를 자신했습니다. 흑태자 에드워드가 있는 곳은 미오송 강과 클랭 강의 합류지점으로 주변에 덤불과 늪지가 있는 지형이었습니다.

"크레시의 패배를 갚아 주자! 돌격!"

장 2세는 자신만만하게 공격 명령을 내렸습니다. 그러나 프랑스군은 크레시 전투의 교훈을 잊어버리고 있었습니다. 영국군 궁수대가 쓰는 장궁의 위력을 잊어

유럽 대륙을 향한 야욕 프랑스와 영국의 백년 전쟁

버리고 있었던 것입니다.

"영국 놈들을 쓸어버리자!"

프랑스 중기병은 일제히 영국군을 향해 돌격해 들어갔습니다. 그러나 그들은 이곳 지형이 늪지대라는 걸 깜빡했습니다.

"으악! 말이 늪에 빠졌다."

"움직일 수 없어!"

프랑스의 기사들은 수렁에 빠져 꼼짝 못하게 됩니다. 영국군 궁수대의 손쉬운 표적이 되어 버린 것입니다.

"쏴라!"

영국군 궁수대가 화살을 비 오듯이 쏘기 시작했습니다.

프랑스 중기병은 다시 한번 장궁에 의해 전멸을 하고 맙니다. 그리고 프랑스 왕 장 2세는 포로로 잡힙니다. 결국 장 2세는 석방의 대가로 불리한 내용을 담고 있는 칼레 조약을 체결할 수밖에 없었습니다.

만약 프랑스군이 크레시 전투의 교훈을 잊지 않고 대비했다면 왕까지 포로로 잡히는 수모는 당하지 않았을 것이고, 백년 전쟁도 더 일찍 끝날 수 있었을 겁니다.

1368년 주원장이 명나라 세움
1392년 이성계 조선을 세움
1399년 명나라에서 연왕이 거병으로 정난의 변을 일으킴

맞수 대격돌 잔 다르크 대 교황청

"전 분명 하느님의 계시를 받았습니다."
종교 재판을 받고 있는 잔 다르크는 두려움 없는 얼굴로 말을 했습니다.
1429년 4월 29일 잔 다르크는 잉글랜드군의 포위를 받은 오를레앙 요새에 도착했습니다. 하지만 프랑스군은 잔 다르크를 못마땅하게 여겨 작전 회의나 전투에 참여시키지 않았습니다.
잔 다르크는 사령관의 지시를 무시한 채 마을로 내려가 스스로 깃발을 들고 최전선에 뛰어들었습니다. 그리고 그녀가 이끄는 프랑스 군대는 마침내 오를레앙에서 대승을 거두었습니다.

"성녀님이 오셨다."
이후 잔 다르크는 프랑스 군대의 압도적 인기를 얻었고 성녀로 추앙을 받게 되었죠.
하지만 그녀는 영국군에 잡혀 성녀를 사칭했다고 종교 재판을 받게 됩니다.
"잔 다르크, 넌 남장을 하고 전쟁터에 나갔다. 여자가 남자 옷을 입은 것 자체가 종교적 죄다."
"남자들만 있는 군대에서 저의 정조를 지키려고 남자 옷을 입었을 뿐입니다."
그녀는 자신의 신념에 따라 정당성을 계속 주장했습니다.
시간이 흐르고, 오랜 재판 끝에 쇠약해질 대로 쇠약해진 잔 다르크는 곧바로 처형하겠다는 협박을 받고 교회의 처분을 따르겠다는 문서에 서명하고 맙니다. 하지만 그녀는 글을 모르는 문맹이었으므로 자신이 어떤 문서에 서명했는지 몰랐었죠.
한편 잔 다르크가 교황청에게 재판을 받는 동안 프랑스 샤를 7세는 그녀를 도와주지 않았습니다. 프랑스군에게 신뢰와 존경을 받는 잔 다르크에게 위협을 느꼈기 때문이었죠.
결국 1431년 5월 30일 프랑스를 구한 잔 다르크는 화형을 당하고 맙니다.
잔 다르크가 죽은 후 프랑스 샤를 7세는 1456년 7월 7일 명예회복재판을 열어 잔 다르크가 무죄임을 밝혀 줍니다. 하지만 잔 다르크는 이미 죽은 후였습니다.

상위 소수 계층의 특권, 봉건 제도

8 여왕 엘리자베스 1세, 무적함대를 꺾다
영국과 스페인의 전쟁
1587년~1588년

"여왕 폐하 만세!"

영국은 백년 전쟁에서 프랑스에게 영토를 잃었을 뿐만 아니라 30년 동안 장미 전쟁이라는 내전을 치룬 끝에 헨리 7세가 왕에 올라 튜더 왕조를 열었습니다. 그리고 엘리자베스 1세가 여왕으로 왕위에 올랐습니다.

엘리자베스 1세는 1533년 9월 7일 그리니치에서 헨리 8세와 그의 제1계비 앤 볼린의 딸로 태어났습니다. 하지만 어머니 앤 볼린이 간통과 반역죄로 억울하게 누명을 쓰고 참수형을 당한 뒤 엘리자베스는 궁중에서 늘 불안하고 위험하기만 한 어린 시절을 보냈죠.

"너 같은 건 우리 가문에서 나가야 돼."

이복 언니인 메리 공주는 항상 엘리자베스를 괴롭히고 감시합니다. 아버지인 헨리 8세마저 그녀가 아들이 아닌 딸이라는 이유만으로 차별을 합니다.

1574년 엘리자베스가 열세 살이 되던 해에 헨리 8세는 세상을 떠납니다. 그리고 엘리자베스의 이복 동생인 에드워드 6세가 왕위를 계승하죠.

"폐하, 축하드립니다."

엘리자베스는 진심으로 에드워드 6세가 왕이 된 것을 축하해 주었습니다. 하지만 이복 언니 메리는 계속해서 엘리자베스를 미워했습니다. 그렇게 엘리자베스는 불행한 나날을 보냅니다.

"엘리자베스 님, 메리가 왕위에 올랐습니다."

그러던 중 엘리자베스의 이복 남동생인 에드워드 6세의 뒤를 이어 이복 언니인 메리가 영국 왕에 오릅니다.

"스페인 왕 펠리페 2세와 결혼을 하겠어요."

메리 1세의 갑작스런 선언에 영국은 발칵 뒤집어집니다. 영국은 헨리 8세 때 가톨릭 교회와 관계를 끊고 영국식 교회인 성공회를 만들었습니다. 하지만 가톨릭 교회의 수호자를 자처하는 펠리페 2세와 결혼을 하겠다는 건 다시 가톨릭 교회로 돌아간다는 말이 되는 것이었기 때문입니다. 게다가 헨리 8세가 가톨릭 수도원들의 재산을 몰수해서 영국 귀족들에게 나눠 줬는데 그걸 다시 돌려 줘야 하는 일이 발생할 수도 있었습니다.

펠리페 2세와의 결혼이 확실해지자, 1554년 토머스 와이엇 경이 이끄는 성공회 교도들이 반란을 일으킵니다.

"런던으로 가서 메리 여왕을 끌어내리자."

와이엇의 반란군이 런던을 향해 빠르게 진격해 오자 이에 놀란 메리는 훌륭한 연설을 통해 수천 명의 군중을 선동하여 반란군에 맞섭니다. 그리고 반란군은 곧 진압이 됩니다.

"반란에 관련된 사람을 모두 죽여라."

메리 1세는 펠리페 2세와 결혼해 가톨릭을 복귀시키고 이단 처벌법을 부활했습니다. 그 뒤 3년 동안 반란자들과 이단자들을 쉴 새 없이 처형해 버립니다.

"지금 여왕은 '피의 메리'다!"

영국 국민들은 메리를 무서워하면서도 미워했습니다. 게다가 메리 1세에게 안 좋은 소식이 계속 들어옵니다.

"칼레가 프랑스군에 의해 함락당했다."

메리 1세가 통치하던 시절은 프랑스와의 백년 전쟁의 마지막 시기였습니다. 영국 국민들은 프랑스와의 전쟁을 싫어했지만, 메리 1세는 남편의 나라인 스페인과 동맹을 맺고 프랑스와 전쟁을 벌이다가 영국이 프랑스에 가지고 있던 마지막 땅 칼레를 잃어버리고 맙니다.

그리고 건강이 좋지 않았던 메리 1세는 런던에서 세상을 떠나고 맙니다.

"이제 남은 영국의 희망은 엘리자베스 밖에 없다."

"그래, 엘리자베스는 영국 성공회 신자야. 메리 1세와는 달라. 그리고 메리 1세가 통치할 때 고생을 많이 했으니 우리 뜻을 알아줄 거야."

1558년 11월 17일에 메리 1세가 병으로 죽자, 엘리자베스는 국민들의 대대적인 환영을 받으며 런던에 입성하여 25살의 나이로 여왕이 됩니다.

"로마 가톨릭의 정치적 간섭을 못하게 영국 성공회를 국교로 확립하겠어요."

엘리자베스 1세는 아버지 헨리 8세의 반교황법령을 되살린 '왕위지상권(수장령)'을 발표합니다. 또한 추밀원을 중심으로 유능한 정치가들을 등용했으며 정치를 안정시킵니다.

"양을 키우세요. 모직물은 영국에게 부를 가져다줄 겁니다."

당시 영국은 모직물 공업이 발전했는데 모직물의 원료가 되는 양을 대규모로

키워서 경제 발전을 시킵니다.

"영국이 발전하려면 바다를 지배해야 합니다."

영국은 섬나라였습니다. 영국이 밖으로 나가려면 반드시는 배를 타고 나가야 했습니다. 그런데 유럽의 바다는 펠리페 2세의 스페인이 장악하고 있었습니다.

스페인의 무적함대는 아무도 이길 수 없는 존재였습니다.

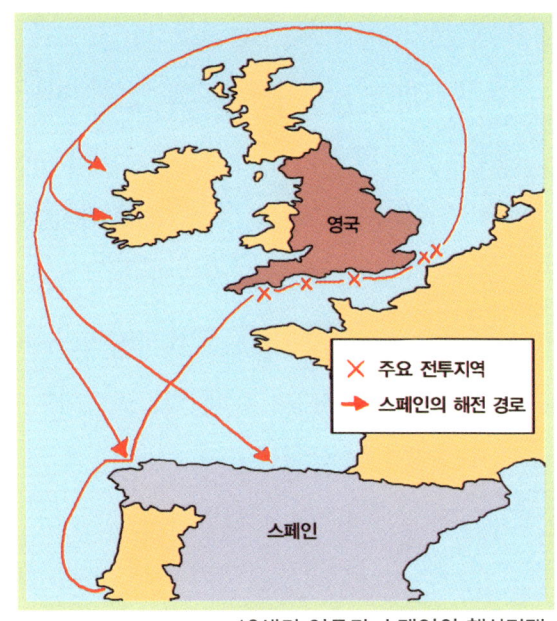

16세기 영국과 스페인의 해상전쟁

하지만 엘리자베스 1세의 뜻은 단호했습니다. 엘리자베스 1세 역시 영국의 국력이 프랑스나 스페인에 한참 못 미친다는 것을 잘 알고 있었죠. 그리하여 겉으로는 세력 균형 정책을 펴면서도 뒤로는 프랜시스 드레이크 등 해적들을 지원하여 스페인 함대를 공격하게 했습니다.

이렇게 영국과 스페인이 서로 견제하는 도중, 스페인의 지원을 받아 엘리자베스에게 반란을 꿈꾸던 배빙턴이 잡혀서 처형당하는 사건이 벌어집니다.

한편, 영국은 스페인에게서 독립하려는 네덜란드를 뒤에서 돕고 있었습니다.

"네덜란드 독립을 뒤에서 돕는 영국을 직접 공격하겠다."

무적함대
스페인의 펠리프 2세가 편성한 대함대로 해전에서 그야말로 천하무적이었습니다. 이후 영국 엘리자베스 1세와의 전쟁에서 패배한 무적함대의 스페인은 해상무역권을 영국에게 넘겨주게 됩니다.

스페인은 결국 영국에 선전포고를 합니다.

"무적함대여! 영국을 불바다로 만들어라!"

1588년 펠리페 2세는 유럽 최강을 자랑하는 '무적함대'를 출동시켜 잉글랜드를 제압하려 합니다. 그러나 무적함대는 영국 해협에서 교묘한 작전을 사용한 영국 함대에 패하고, 그 후 폭풍우를 만나 재기불능 상태에 빠지게 됩니다.

이 전투 결과 스페인은 유럽에서 주도권을 잃은 채 쇠퇴의 길로 접어들고, 영국은 비로소 기지개를 펴고 세계로 진출합니다. 엘리자베스 1세가 시작한 영국의 부흥은 이후에 해가 지지 않는 나라 대영제국을 건설하는 기초가 된 것입니다.

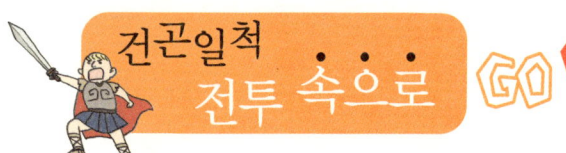

전투명 : 칼레해전
전투시기 : 1588년

"해적 따위가 우리를 공격하다니! 영국 놈들을 가만 두지 않겠다."

스페인 왕 펠리페 2세는 스페인 상선이 영국이 고용한 해적들에게 또 공격을 받자 분노를 참지 못합니다. 영국은 스페인에 비해 부족한 해군력을 보충하기 위해 해적 프랜시스 드레이크를 고용해서 스페인을 공격하게 했습니다. 그리하여 1585~86년 사이에 스페인은 프랜시스 드레이크가 이끄는 해적 때문에 카리브 해 무역이 타격을 입게 됩니다.

"무적함대를 출동시켜라!"

1588년 5월 펠리페 2세는 스페인이 자랑하는 무적함대를 영국으로 출발시킵니다. 무적함대는 130척의 선박에 약 8,000명의 선원, 그리고 1만 9,000명의 병사들로 이루어져 있었습니다. 이 가운데 약 40척은 전함이며 나머지는 대개 수송선과 소형 선박이었습니다.

"이제 영국을 불바다로 만들어 버릴 것이다."

스페인의 무적함대를 이끄는 메디나 시도니아 공작은 자신만만했지만, 그는 해전의 경험이 적은 사람이었습니다.

"무적함대라고 겁먹을 것 없다."

찰스 하워드가 지휘하는 영국함대는 거의 200척에 이르는 선박을 보유하기도 했으나 도버 해협에서 벌어진 해전에 참가한 함선은 100척이 채 되지 않았습니다.

게다가 영국군은 대포에 크게 의존했으며 함정에는 적은 수의 병사만을 승선시켰으나 스페인은 더 크고 많은 숫자의 대포를 장착하고 있었죠.

"쏴라! 대포를 쏴라!"

드디어 전투는 시작되고, 영국군은 스페인 배보다 빠른 움직임을 보이며 거리를 둔 채 포격만 하기 시작합니다.

"영국군은 숫자가 적다. 배에 붙여서 보병을 올라타게 해라."

메디나 시도니아 공작은 영국군 배에 계속 접근을 하려고 하지만 쉽지 않았습니다. 무적함대는 거리를 좁히지 못하고 조금씩 영국군의 포격에 의해 피해가 늘어가기 시작했습니다. 그리고 바다는 폭풍우가 몰아칠 조짐을 보이고 있었습니다.

그리고 8월 7일 자정 무렵에 영국군은 높은 파도에도 불구하고 무적함대를 향해 8척의 화공선을 발진시켰습니다.

"으악! 적의 화공선이다."

"충돌하면 배가 불에 탄다. 닻을 올려라!"

무적함대는 파도에 떠내려가지 않기 위해 내려놓은 닻줄을 끊고 달아나기 시작합니다. 이 순간 무적함대의 대열이 흩어지기 시작합니다.

"이때다! 공격하라."

영국군은 이때를 놓치지 않고 무적함대를 공격합니다. 무적함대는 이 공격으로 막대한 피해를 입고 후퇴를 하기 시작합니다.

"일단 물러났다가 다시 재편해서 공격한다."

메디나 시도니아 공작은 무적함대를 뒤로 물러나게 합니다.

"폭풍우가 몰려온다!"

"으악! 배가 부서진다."

그러나 가을철 북대서양의 세찬 바람 속에서의 오랜 항해는 귀국길에 오른 많은 스페인 선박에 치명적인 피해를 입히고 맙니다.

결국 폭풍우를 뚫고 스페인에 돌아온 배는 60척에 불과했고, 1만 5,000여 명이 사망했습니다.

이는 세계 4대 해전 중 하나인 칼레 해전으로, 이후 유럽 최강 스페인의 체면은 땅에 떨어지고 맙니다. 그리고 칼레 해전은 항해 중에 대포를 동원해서 싸운 최초의 해전이라는 역사적 의미를 가지기도 합니다.

 **전쟁 속 무기** 이야기 —캐럭

유럽에서 사용한 배 종류이며 15세기 이베리아 반도에서 만들어진 범선입니다.

15세기에서 16세기까지 쓰였습니다. 기본적으로 3~6개의 메인마스트로 이루어져 있는 것이 특징입니다. 그러다가 1500년 초에는 배에 대포를 장착해서 포문을 통해 포탄을 발사하게 되면서 전함으로 쓰입니다.

스페인과 경쟁 관계에 있던 포르투갈이 아프리카 남단을 돌아가는 희망봉 루트를 개척하자 스페인은 난리가 납니다. 포르투갈이 인도와의 향신료 무역을 독점하면서부터 발전하기 시작했기 때문입니다.

"우리도 새로운 항로를 만들어야 한다."

1469년 아라곤의 페르난도 2세와 카스티야의 왕위 계승 후계자 이사벨의 결혼으로 탄생한 스페인은 해외 진출에 관심이 많았습니다.

"제가 인도로 가는 새로운 항로를 발견하겠습니다."

이때 이사벨과 페르난도 부부 앞에 크리스토퍼 콜럼버스가 나타납니다. 콜럼버스는 지구가 둥글다는 사실을 믿고 서쪽으로 항해를 하다 보면 언젠가 인도에 갈 수 있다고 주장했습니다.

"생각을 해 보고 결정하겠네."

하지만 이사벨과 페르난도 부부는 지원을 망설였습니다. 너무 허무맹랑한 이야기였기 때문입니다. 콜럼버스는 끈질기게 설득을 합니다.

"좋다. 새로운 항로 개발을 지원하겠다."

스페인의 지원을 약속받은 콜럼버스는 결국 오랜 항해 끝에 서인도 제도를 발견합니다. 유럽에 아메리카 대륙이 처음으로 알려지는 순간이었습니다.

　콜럼버스는 1492~1504년간 총 4차례의 항해를 통해 아메리카 대륙을 차례대로 발견하였으며, 아메리카 대륙으로부터 카카오·옥수수·감자 등 여러 새로운 과일과 채소를 들여왔을 뿐만 아니라 금·은 등의 장식품도 스페인으로 가져왔습니다.

　스페인은 아메리카 식민지 무역을 통해 얻은 막대한 부를 바탕으로 남아메리카와 중앙아메리카, 멕시코, 그리고 오늘날 미국의 남서부 지방에서부터 필리핀·마리아나 제도까지 차지하게 됩니다.

　"이제 스페인의 전성시대다."

　이렇게 쌓은 막대한 부를 바탕으로 스페인은 최강의 무적함대를 만들었고, 유럽을 지배하는 지배자로 떠오르게 됩니다.

　만약 이사벨과 페르난도 부부가 콜럼버스를 지원하지 않았다면 아메리카 대륙도 발견되지 않았을 것이고, 스페인의 영광도 없었을 것입니다.

1576년 인도 무굴왕가 비하르와 벵골을 얻음
1590년 도요토미 히데요시가 일본 전국시대 통일
1592년 임진왜란이 일어남

여왕 엘리자베스 1세, 무적함대를 꺾다 **영국과 스페인의 전쟁**

맞수 대격돌 엘리자베스 대 메리

헨리 8세의 딸들인 메리와 엘리자베스는 불행한 어린 시절을 보냈습니다.

메리는 헨리 8세의 외동딸로서 아버지 헨리 8세의 귀여움을 독차지하고 살았습니다.

"캐서린과 이혼한다."

하지만 헨리 8세가 메리의 어머니인 캐서린과 이혼을 하면서 모든 것이 변하게 됩니다.

헨리 8세는 캐서린과 이혼하기 위해 가톨릭을 버리고 영국 성공회를 만들 정도였습니다. 그리고 앤 볼린과 결혼해 엘리자베스를 낳습니다.

메리는 갑자기 생긴 이복 여동생 엘리자베스를 무척 싫어했습니다.

"엘리자베스를 런던탑에 가둬라."

이복 남동생 에드워드 6세의 뒤를 이어 영국 최초로 여왕에 오른 메리는 엘리자베스를 런던탑에 가둬 버립니다.

"언니, 왜 저를 죽이려고 하죠?"

"죽이려고 하다니? 그게 무슨 말이니?"

"런던탑에 가둔다는 건 죽이려고 하는 거잖아요."

"난 아버지가 영국 성교회를 만들어 가톨릭을 없애는 걸 다시 되돌릴 거야."

"그런데요?"

"그 계획에 넌 방해가 돼."

엘리자베스는 이해할 수 없다는 표정으로 메리를 바라보았습니다.

"날 반대하는 영주들과 영국 성교회 사람들이 엘리자베스 널 중심으로 뭉치고 있어. 널 가두어 두지 않으면 내가 영국을 통치할 수 없어."

메리는 엘리자베스를 죽이지는 않았지만 평생 동안 그녀를 미워했습니다. 메리는 죽는 순간까지 엘리자베스를 후계자로 지명하는 것을 망설이다가 겨우 지명할 정도였습니다.

유럽을 휩쓴 공포의 전염병, 페스트

1340년대 유럽에서 페스트(흑사병)는 창궐한 이래 모든 사람들에게 공포의 대상이었습니다.

페스트로 총 2천 5백만 명 정도가 희생되었습니다. 이는 당시 유럽 인구의 약 30%에 달하는 숫자였습니다.

일설에 의하면 페스트를 처음 유럽에 퍼트린 나라는 몽골제국이라고 합니다.

1347년 몽골제국이 크림공화국을 공격할 때 페스트에 걸린 시체를 투석기로 성에 집어 던졌습니다. 그리고 공교롭게도 유럽에서 처음 페스트가 발생한 곳도 크림공화국이었습니다.

페스트는 1700년대까지 100여 차례나 유럽을 휩쓸고 지나갑니다.

쥐로 인해 전염되는 페스트가 유럽에서 많이 발생한 건 불결한 위생 상태 때문이었습니다.

페스트로 많은 사람이 죽었지만, 이 때문에 유럽사회도 많은 변화를 겪게 됩니다. 노동력의 감소로 영주 밑에서 일하던 농노들이 도시 노동자로 변화하기 시작한 것입니다.

유럽 혁명의 원인 중 하나인 도시노동자의 성장은 아이러니하게도 페스트 때문이었습니다.

9 종교의 자유를 향한 피도 눈물도 없는 싸움
유럽의 30년 전쟁
1618년~1648년

"로마 가톨릭은 썩었다."

독일 신학자 루터의 외침은 유럽 사회에 큰 파장을 일으킵니다. 그도 그럴 것이 십자군 전쟁 실패로 권위가 땅에 떨어진 성직자들은 성경의 가르침을 버리고 돈벌이와 사치에 빠져 있었습니다.

루터에 의해 시작된 종교개혁 운동은 단지 종교에만 그치지 않고 사회적 혁명 운동으로 퍼져 나가기 시작했습니다.

이렇게 되자 독일은 루터를 지지하는 영주와 황제를 지지하는 영주들로 나누어 서로 대립하고 싸웁니다.

"각 영주들은 각자의 생각대로 종교를 선택할 수 있다."

독일 신성로마제국의 황제 카를 5세는 영주들 간의 대립을 막기 위해 1555년 아우구스부르크 국회를 열어서 종교문제를 끝내려고 합니다.

하지만 프로테스탄트라고 불리는 신교도들은 아우구스부르크 국회를 인정하려

들지 않았습니다. 왜냐하면 아우구스부르크 국회의 결정을 보면 루터파에만 종교적 자유가 허용됐기 때문입니다.

이즈음 1617년 가톨릭교이자 신성로마제국의 황제 페르디난트 2세가 보헤미아의 왕위에 올랐습니다.

"모든 이교도는 금하겠다. 이제부터 가톨릭만 믿어야 한다."

페르디난트 2세가 가톨릭 신앙을 강요하려 하자 보헤미아의 신교도들이 반란을 일으킵니다.

이 반란을 시작으로 30년 전쟁은 시작됩니다.

30년 전쟁 당시 유럽 지도

신교도들은 프리드리히 5세를 국왕으로 받들고 페르디난트 2세의 신성로마제국에 대항하여 싸웠으나 1620년 바이서베르크 싸움에서 지고 맙니다.

"우리가 졌어."

"프리드리히 5세는 신성로마군에 쫓겨 네덜란드로 망명했대."

결국 보헤미아의 신

신성로마제국
신성로마제국은 고대 로마제국의 연장이라는 인식 아래 로마의 전통을 보존한다는 의미를 갖고 있습니다. 그리스도교에 이어 가톨릭교를 국교로 하고 있지요. 전성기 때 유럽 대륙의 대부분을 차지하는 거대한 제국을 이루기도 했습니다.

교도들은 반란에 실패하고 다시 탄압을 받게 됩니다. 보헤미아 신교도들의 반란 이후 잠잠하던 유럽은 덴마크 왕 크리스티안 4세에 의해 다시 시끄러워집니다.

"이번 기회에 독일을 공격해서 땅을 빼앗고 신교도를 해방시키자."

평소 독일 땅에 관심이 많았던 크리스티안 4세는 신교도 문제로 시끄러운 신성로마제국을 공격하기로 마음먹습니다.

"신성로마제국이 신교도 문제로 어렵다고 하나 강대국입니다. 우리 힘만으로는 힘듭니다."

"하하핫, 내가 이미 영국과 네덜란드에 도움을 요청했다. 그들만 도와주면 충분히 이길 수 있어."

신교도를 믿던 영국과 네덜란드는 신성로마제국과 싸우려는 덴마크에게 전쟁 자금을 지원해 줍니다.

1625년 덴마크는 독일에 침입합니다. 그러나 덴마크는 신성로마제국 발렌슈타인 장군과 틸리 장군에게 패배하고 맙니다. 결국 1629년 뤼베크 조약으로 덴마크와 신성로마제국은 화해하고 전쟁을 끝냅니다.

그러나 30년 전쟁은 끝이 난 게 아니었습니다. 이번에는 프랑스가 음모를 꾸미기 시작합니다.

"합스부르크 왕가를 견제하지 않고는 프랑스의 영광은 없다."

프랑스는 독일 신성로마제국과 스페인, 네덜란드, 이탈리아 남부에 이르는 광대한 영토를 차지하고 있는 합스부르크 왕가 때문에 골치 아파하고 있었습니다. 합스부르크 왕가 사람들이 왕으로 있는 나라들이 연합하여 프랑스를 공격한다면 프랑스는 이길 수가 없기 때문입니다. 게다가 이들 나라는 교묘하게 프랑스를 세 군데에서 둘러싸고 있는 형태였습니다.

"이건 종교 문제를 떠나 프랑스의 국방에 관한 일이다."

프랑스 부르봉 왕가의 루이 13세는 가톨릭 신자임에도 신교도들을 지원하기로 마음먹습니다. 이제 30년 전쟁은 종교 문제를 떠나 강대국들의 힘겨루기로 변화하기 시작한 것입니다.

"프랑스가 도와준다면 내가 독일 신성로마제국을 혼내 주겠소."

1630년 스웨덴 왕 구스타브 2세는 프랑스의 지원을 받아 독일 신성로마제국을 침입합니다.

"독일 놈들을 혼내주자!"

스웨덴군은 신성로마제국군을 라이프치히 전투에서 격파하고 틸리 장군을 전사시킵니다.

그러나 1632년 뤼첸 전투에서 구스타브 2세도 그만 전사하고 맙니다.

"왕의 죽음을 복수하자!"

이후에도 스웨덴군은 전투를 계속하였으나 신성로마제국에게 계속 패배를 하게 됩니다.

"황제 폐하! 발렌슈타인 사령관이 반란을 일으킬 것 같습니다."

"뭐라고? 스웨덴 놈들이 설치는 마당에 총사령관이 반란을 일으켜? 당장 발렌슈타인을 죽여라!"

1634년 신성로마제국군 사령관 발렌슈타인 장군이 반란 혐의로 암살됩니다. 신성로마제국군의 양대 산맥이었던 발렌슈타인 장군과 틸리 장군이 모두 죽자 신성로마제국은 더 이상 전쟁을 계속할 수 없었습니다. 결국 프라하 화해 회담이 성립되어 전쟁이 끝나게 되죠.

"이렇게 된 이상 우리가 직접 나설 수밖에 없어."

프라하 화해 직후인 1635년, 지금까지 뒤에서 조종만 하던 프랑스가 앞장서서 독일 신성로마제국에 군대를 출동시킵니다.

"이번 기회에 그놈들과 같은 핏줄인 스페인에게도 선전포고를 해!"

프랑스는 스웨덴과 연합해서 스페인에게도 전쟁을 선포합니다.

"공격하라."

"후퇴!"

하지만 전쟁은 어느 편도 크게 이기지 못하고 지루하게 계속됩니다. 그러던 1637년, 페르디난트 2세가 죽고 페르디난트 3세가 독일 신성로마제국의 황제에 오릅니다.

"우리는 오랜 전쟁으로 지쳐 있다. 지금은 프랑스와 밀고 밀리는 싸움을 계속하고 있지만 시간이 지날수록 우리에게 불리하다."

페르디난트 3세는 시간이 지날수록 전쟁이 불리해지고, 신성로마제국의 영주들이 오랜 전쟁에 지쳐 있었기 때문에, 1648년 베스트팔렌 조약을 맺어 30년간 종교 전쟁을 끝냅니다.

종교 문제와 강대국 간의 이해 다툼으로 30년 동안이나 싸운 유럽은 엄청난 변화를 겪게 됩니다. 신성로마제국은 프랑스의 나폴레옹에게 멸망할 때까지 나라는 유지하지만 단지 이름뿐인 제국으로 남게 됩니다.

그리고 프랑스는 30년 전쟁 이후에도 스페인과 계속 전쟁을 하게 되지요. 그 결과 스페인은 유럽에서 사실상 패권을 상실하고, 프랑스의 전성시대가 열리게 됩니다.

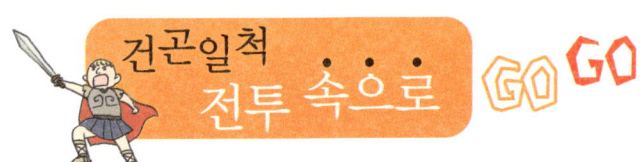

전투명 : 브라이텐펠트 전투
전투시기 : 1631년

"북방의 사자왕 구스타프가 브리이텐펠트에 도착했습니다."

보고를 받은 틸리 장군은 천천히 몸을 일으켰습니다. 독일 신성로마제국 장군 틸리는 72세의 노인이었지만, 젊은 시절 이탈리아 전선에서 단 한 번도 지지 않아 '갑옷의 성자' 라는 별명을 가진 명장이었습니다.

"스페인 테르시오 진형을 갖춰라."

틸리 장군의 말에 따라 신성로마군은 앞에 약 100명의 소총병을 12~15열로 배치시키고, 중심에 창을 든 창병을 배치했습니다. 그리고 양쪽 날개 쪽에는 파펜하임이 이끄는 기병대를 배치해 둡니다.

틸리 장군이 펼친 스페인 테르시오 진형은 여태껏 단 한 번도 지지 않았던 전법이었습니다.

"오늘 틸리 장군은 처음으로 지게 될 것이다."

스웨덴의 왕 구스타프는 독일 신성로마제국 틸리 장군이 펼친 전법을 보고 승리를 자신했습니다. 왜냐하면 그는 새로운 전술을 가지고 있기 때문이었습니다.

구스타프는 중앙에 보병 4개 여단을 배치하고, 그 후방에 보병 2개 여단·기병 1개 연대, 그리고 보병 3개 여단·기병 2개 연대를 예비대로 배치했습니다. 또한 중앙 보병대 전면에는 구스타프군이 보유한 100문의 대포를 배치했습니다.

이 전법은 마우리츠 공작이 만든 진형으로 구스타프는 이것을 전수받아 보병, 기병, 포병이 결합하는 3병 전술을 개발했던 것입니다.

"틸리 장군이 공격해 옵니다."

종교의 자유를 향한 피도 눈물도 없는 싸움 유럽의 30년 전쟁

"하하핫! 걱정할 것 없다. 우리는 소총병 비율이 틸리군보다 훨씬 많다."

틸리 장군은 모르고 있었지만 스웨덴군은 소총병 비율이 신성로마군의 2배 이상 많았습니다. 그리고 틸리군이 1분에 1발을 쏠 때 구스타프군은 1분에 3발을 쏠 수 있었습니다. 사실상 구스타프군의 화력은 틸리군의 3배나 더 강했죠.

"쏴라! 쏴라!"

그 결과 틸리군의 소총병은 순식간에 전멸당해 버립니다.

"이… 이게 어떻게 된 것이냐?"

"앗! 틸리 장군님! 저기 파펜하임 장군이 이끄는 기병대가 명령도 없이 돌격하기 시작했습니다."

틸리 장군은 소총병이 전멸당한 사실도 믿기 힘든 데다가 기병대마저 마음대로 움직이자 정신을 차릴 수가 없었습니다.

"돌격! 구스타프군을 몰아 붙여라!"

파펜하임의 기병대 5,000여 명이 스웨덴군을 향해 돌격해 들어갔으나 스웨덴 기병대는 첫 줄이 총을 쏘고 물러나면, 두 번째 줄이 다시 쏘고, 두 번째 줄이 물러나면 세 번째 줄이 쏘는 방식으로 기병대를 물리칩니다.

"후… 후퇴하라."

결국 이 전투에서 틸리 장군은 부하의 도움으로 겨우 탈출할 수 있을 정도로 큰 패배를 당하고 맙니다. 그리고 그는 두 번 다시 명성을 회복할 수 없었습니다.

이 싸움에서 승리한 스웨덴은 중부 및 남부 독일에의 진격이 가능하게 되었으며, 또한 테르시오 중심의 낡은 스페인 보병 전술은 새로운 근대적 보병 전술로 변화하게 됩니다.

전쟁 속 무기 이야기 – 머스켓(소총병)

머스켓은 동북아시아에서 조총 또는 화승총이라고 불리던 총입니다. 긴 총신을 가진 전장식 화기이며, 총신은 후대의 라이플과는 달리 강선이 없는 활강식이었습니다. 이 머스켓의 등장으로 유럽의 전쟁은 엄청난 변화를 겪습니다.

스페인의 영토인 네덜란드는 모직물 공업과 중계무역으로 자치권을 확보하여 발전해 가고 있었습니다.

"칼뱅을 믿는 자는 모두 죽이겠다."

네덜란드는 종교개혁 이후 북부 여러 주에 신교도 중 하나인 칼뱅파가 무섭게 퍼지고 있었기 때문에, 1556년 스페인 왕이 된 펠리프 2세가 이를 탄압을 하기 시작했습니다.

하지만 스페인은 한 가지 실수를 하고 맙니다. 칼뱅파를 탄압하는 과정에서 네덜란드의 자치권을 없애고, 세금을 무겁게 내도록 한 것입니다.

종교의 자유를 향한 피도 눈물도 없는 싸움 유럽의 30년 전쟁

"더 이상 스페인의 지배를 못 받겠다."

"스페인과 전쟁을 해서라도 독립을 해야 한다."

스페인의 탄압으로 네덜란드 남부의 가톨릭을 믿는 사람들까지 칼뱅파와 손을 잡게 되고, 그들은 독립운동을 하기 시작했습니다.

"독립을 하겠다고? 하룻강아지 범 무서운 줄 모르는구나."

정예병 1만 명을 데리고 1567년 네덜란드의 총독으로 온 스페인의 알바 공은 칼뱅파를 잔인하게 탄압합니다. 그리고 '피의 평의회'라는 심문소를 만들어 독립 지도자인 에흐몬트와 호른 등을 비롯한 8,000명 이상의 네덜란드 인을 종교재판으로 죽여 버립니다.

"우리의 독립 의지는 꺾이지 않는다."

하지만 이에 굴복하지 않고 네덜란드는 계속 저항합니다.

1576년에는 네덜란드의 남·북 여러 주가 브뤼셀 동맹을 성립시킴으로써 독립 전쟁을 본격적으로 시작합니다.

"북부에서 너무 강하게 나가고 있어서 남부가 경제적으로 손해를 보고 있어."

"남부가 너무 몸을 사리고 있어. 저 놈들은 스페인과 손을 잡은 게 분명해."

그러나 본래부터 종교적으로 대립해 있었고, 경제적으로도 이해관계를 달리한 네덜란드 남·북은 서로를 믿지 못합니다. 게다가 네덜란드 총독으로 새로 온 파르마 공의 이간책으로 1578년 네덜란드 남부는 스페인에게 항복하고 맙니다.

"남부가 항복해도 우리의 독립의지를 꺾지 못한다."

홀란트 등의 북부 7주는 1579년 위트레흐트 동맹을 결성하여 저항을 계속했으며, 1581년 7월 독립을 선언하고 윌리엄을 초대 총독으로 하는 네덜란드 연방 공화국을 설립합니다.

"스페인의 무적함대가 영국에게 패배했다."

무적함대의 패배는 독립운동을 하는 네덜란드에게 신이 준 선물이었습니다. 스페인은 무적함대의 패배로 더 이상 네덜란드를 탄압할 힘이 남아 있지 않았습니다. 결국 네덜란드는 1648년 베스트팔렌 조약에서 국제적으로 인정받는 독립국이 됩니다.

만약 스페인의 무적함대가 영국에게 패하지만 않았어도 네덜란드의 독립 운동은 실패했을 것입니다. 그들의 독립은 시간이 더 흐른 뒤에나 가능했을지 모르죠. 하지만 무엇보다 네덜란드 남부가 항복했음에도 마지막까지 싸운 북부 네덜란드 사람들의 의지가 독립을 이룬 가장 큰 힘이었습니다.

1598년 조선, 임진왜란이 끝남
1616년 누르하치가 후금(청나라)을 세움
1636년 조선, 병자호란이 일어남
1644년 청나라에 의해 명나라 멸망

종교의 자유를 향한 피도 눈물도 없는 싸움 유럽의 30년 전쟁

맞수 대격돌 　합스부르크 왕가 대 부르봉 왕가

"합스부르크 왕가를 꺾어야 한다."

프랑스의 부르봉 왕조는 합스부르크 왕가만 떠올리면 골치가 아팠습니다.

합스부르크 왕가는 유럽을 지배하는 왕가였습니다. 독일의 합스부르크 왕가는 10세기경 알자스에서 북스위스에 걸친 소영주에서 시작했습니다. 11세기 스위스에 산성 합스부르크(매의 성)를 쌓은 후로 합스부르크라고 불리어 왔습니다.

"우리가 유럽을 지배한다."

그 후 합스부르크 왕가는 독일 왕가를 지배해왔고, 5세기 말 막시밀리안 1세 때 스페인 왕실과 결혼을 통해 스페인 왕위까지 차지하게 됩니다.

막시밀리안 1세의 손자인 카를 5세 때는 독일 신성로마제국이 스페인 황제까지 겸하면서 최대 전성기에 이릅니다.

이에 반해 프랑스 부르봉 왕조는 본래 부르봉 라르샹보시의 소영주였으나, 1272년 프랑스 왕 루이 9세의 여섯 번째 아들인 로베르와 부르봉 가문의 베아트리스가 결혼을 함으로써 프랑스의 유명한 가문이 되었습니다. 이후 앙리 4세를 걸쳐 루이 13세 때는 프랑스의 절대왕정을 이룩하는 계기가 됩니다.

프랑스의 부르봉 왕가는 유럽을 장악하고 있는 합스부르크 왕가를 항상 경계하고 있었습니다.

"신성로마제국을 공격하라."

결국 합스부르크 왕가가 독일과 스페인, 네덜란드, 이탈리아 남부에 이르는 광대한 영토를 차지하여 프랑스를 3면에서 둘러싸자, 프랑스의 부르봉 왕가는 더 이상 참지 못하고 30년 전쟁에 끼어들게 된 것입니다.

거대한 유럽 연합체. 신성로마제국

10 북아메리카에서의 재대결
영국-프랑스 식민지 전쟁
1688년~1762년

"종교의 자유를 찾아 신대륙으로 가자."

칼뱅의 신교를 믿는 영국의 신교도들은 영국 국교회(성공회)의 탄압을 받습니다. 이들은 탄압을 피해 1620년 뉴잉글랜드에 최초로 식민지를 세웁니다.

이때부터 1733년까지 영국은 북아메리카의 대서양 연안에 13개의 식민지를 만들었습니다.

한편 프랑스도 신대륙 개발에 가만히 손을 놓고 있지는 않았습니다. 프랑스는 영국보다 더 빨리 신대륙에 식민지를 건설합니다.

그리하여 영국은 지금의 미국 동부에서, 프랑스는 지금의 캐나다에서 서로의 세력을 넓혀가고 있었죠.

"영국에게는 질 수 없다."
"누가 할 소리. 절대 프랑스, 네 놈들에게는 안 진다."

북아메리카를 차지한 영국과 프랑스의 영토(1755~60)

백년 전쟁 이후 영국과 프랑스는 서로 못 잡아먹어 으르렁대는 앙숙 관계였습니다. 특히 종교적으로도 국교회를 믿는 영국과 가톨릭의 수호자를 자처하는 프랑스로 갈라져서 사사건건 충돌을 계속하고 있었습니다.

"이러다가 언젠가는 프랑스와 영국이 전쟁을 할 것 같아."

서로 한 발짝도 물러서지 않는 대치 끝에 프랑스와 영국은 1689년 벌어진 윌리엄 왕 전쟁(영국과 프랑스의 식민지 전쟁)으로 충돌을 하게 됩니다.

1685년 프랑스 알사스 북부의 팔츠 가문의 후계자가 없자, 루이 14세는 그의 아우 오를레앙 공을 내세워 그 영토를 요구합니다.

"내 동생 오를레앙의 아내가 팔츠가 출신이다. 그러니 후계자는 우리 프랑스다."

"무슨 소리. 절대 알사스 북부를 프랑스에게 넘겨줄 수 없다."

독일과 스페인, 네덜란드가 연합해서 프랑스에게 맞섭니다.

"프랑스 일이라면 우리도 참가하겠소."

여기에다 영국 왕 윌리엄이 끼어들어 팔츠 계승 전쟁이 일어나게 됩니다.

팔츠 계승 전쟁으로 시작된 프랑스와 영국의 대결은 아메리카 식민지로 퍼져 나갔습니다. 이것이 북아메리카에서 일어난 영국-프랑스의 식민지 전쟁입니다.

북아메리카에서의 재대결 영국-프랑스 식민지 전쟁

"인디언과 연합하면 충분히 영국을 이길 수 있다.

프랑스는 캐나다 총독 L.B. 프롱트나크의 지휘 아래 퀘벡의 수비를 강화하는 한편 인디언의 지원을 받아 영국 식민지의 변방을 공격합니다.

"우리도 인디언과 연합해서 맞서 싸운다."

이에 맞서 영국은 인디언의 한 부족인 이로쿼이 족을 자기편으로 만들어 아카디아를 공격합니다.

영국은 캐나다에 있는 퀘벡을 향해 진격하지만 결정적인 승리를 얻지 못합니다. 결국 프랑스와 영국은 리즈윅 조약으로 맺고 전쟁을 끝냅니다.

하지만 아무도 이 전쟁이 끝이라고는 생각하지 않았습니다.

1701년부터 1713년까지 스페인 왕위 계승 문제로 또다시 프랑스와 영국 사이에 앤 여왕 전쟁이 터지게 됩니다.

이번에도 식민지에서 전투가 벌어집니다. 전투는 주로 영국 식민지인 뉴잉글랜드 주변에서 벌어졌고, 인디언의 도움을 받은 프랑스군이 영국군을 괴롭혔습니다.

"육상에서 프랑스에게 밀리더라도 바다에서는 절대 질 수 없다. 프랑스와 스페인으로 가는 화물선들을 공격해서 물자 보급을 끊어야 한다."

식민지 영국인들은 마치 해적처럼 스페인과 프랑스 선박들을 공격합니다. 끊임없이 계속되던 전쟁은 결국 영국과 프랑스 양국이 위트레흐트 조약을 맺은 후에야 멈추게 되죠.

이 전쟁으로 영국은 프랑스로부터 허드슨만 지방과 뉴펀들랜드·아카디아 지방을 얻어 낼 수 있었습니다.

위트레흐트 조약
1713~15년 네덜란드 위트레흐트에서 스페인 왕위 계승 전쟁을 종결시킨 조약입니다. 이 조약으로 영국의 우위가 확정되었으며, 프랑스는 대륙 지배를 포기해야 했죠.

하지만 유럽의 양대 강국으로 자리 잡은 프랑스와 영국은 사사건건 충돌을 하게 됩니다. 그리하여 1744년, 두 나라는 조지 왕 전쟁이라 불리는 오스트리아 왕위 계승 전쟁을 하게 됩니다. 이 전쟁 역시 아메리카 식민지까지 번져 전투가 벌어지게 되죠.

프랑스와 영국은 때때로 양국 식민지의 경계 지방이나 서인도제도에서 전투나 해전이 벌이기 시작합니다.

"케이프브리튼 섬을 점령했다. 이제 전쟁은 우리 영국에게 절대 유리하다."

영국은 케이프브리튼 섬을 점령해서 유리한 위치에 서지만, 결국 아헨 평화협정에 따라 서로 점령한 점령지를 돌려주고 전쟁은 끝이 나게 됩니다.

"이렇게 전쟁을 해서는 승부를 가릴 수 없다."

프랑스나 영국 모두 아메리카 식민지에 결정적인 승리를 원하고 있었습니다. 그리고 그 기회는 1754년에 다가옵니다.

프랑스와 영국은 오하이오 강 상류 지역을 놓고 서로 누구의 영토인지 확인하는 문제로 싸움이 시작됩니다.

"오하이오 강 상류는 절대 양보할 수 없다. 그 곳은 북아메리카의 심장부에 해당하는 곳으로 그곳만 점령하면 북아메리카 전체를 장악할 수 있어."

"영국인들은 모두 오하이오 강 상류에서 떠나라."

이미 프랑스는 1749년부터 오하이오 강 상류에 사는 영국인들에게 추방 명령을 내린 상태였습니다.

그리하여 1754년 봄, 프랑스군은 오하이오 강 여러 지류에서 버지니아군을 몰아냈고 이에 조지 워싱턴 대령이 프랑스군과 소규모 전투를 벌입니다.

"드디어 전쟁의 시작이다."

인디언들의 지원을 받은 프랑스의 육군이 힘이 훨씬 강했기 때문에 전쟁 시작 이후 4년 동안 영국 정규군과 아메리카 식민지군은 심각한 패배를 당합니다.

"식민지 군인들하고 같이 싸우기만 하면 프랑스군에게 진다니까."

영국군들은 식민지군들의 능력을 믿을 수가 없었습니다.

하지만 1757년부터 전쟁 상황이 영국 쪽으로 유리하게 작용하기 시작합니다. 산업이 발달한 영국은 전쟁이 계속될수록 산업자원과 식량공급, 해군 장비에서 계속 프랑스에 앞서 갔지만, 프랑스는 오랜 전쟁으로 재정이 파탄나는 결과를 가져옵니다.

그리고 한심하게만 보이던 영국의 식민지군도 전쟁이 계속되면서 차츰 정예병으로 바뀌기 시작합니다.

1758년에서 1759년까지 영국군은 프랑스 해안과 세인트로렌스 만을 효과적으로 막은 데 이어 루이스버그, 프롱트나크 요새, 카리용 요새, 크라운포인트, 듀켄, 나이아가라 요새 등 중요한 군사 요새들을 점령합니다.

"졌… 졌다."

결국 프랑스군은 1759년 퀘벡 전투에서 패하고, 1년 후에 몬트리올과 캐나다의 전 지역이 함락되고 맙니다.

이 전쟁은 1762년 파리 조약에 따라 프랑스는 북아메리카에서 모든 군사적·정치적 권리를 포기하고 맙니다.

영국은 프랑스와의 식민지 전쟁에서 승리하였지만 마냥 좋아할 수만은 없었습니다. 전쟁의 부채, 그리고 대영제국에 저항하는 식민지 사람들의 단결과 이에 따른 군사력 강화라는 문제가 생긴 것입니다. 결국 이 전쟁 이후 영국의 군사력은 약해졌고, 미국 독립 전쟁이 일어나는 계기가 됩니다.

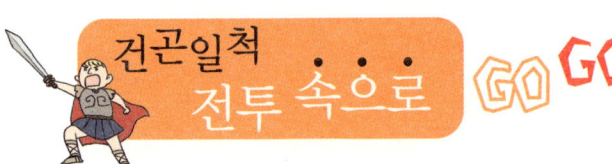

전투명 : 퀘벡 전투
전투시기 : 1759년

"이제 퀘벡만 남았다."
"퀘벡으로 진격!"

1758년 케이프브레턴 섬의 루이스버그를 함락시킨 영국군은 퀘벡을 중요 공격 목표로 삼았습니다. 퀘벡은 프랑스 식민지의 중심이었기 때문에 여기만 함락시킨다면 전쟁을 끝낼 수 있었기 때문이죠.

1759년 6월 영국군 사령관 울프 소장은 세인트로렌스 강의 전략적 요지를 확보하기 위해 8,500명의 정규군을 250척의 배에 태우고 공격에 나섭니다.

"올 테면 와라. 여기는 절대 뚫리지 않는다."

프랑스군의 몽칼름 후작은 몰려오는 영국군을 바라보며 자신에 차 있었습니다. 퀘벡은 톱니 모양의 가파른 절벽으로 둘러싸여 있어서 방어하기가 유리한 곳이었습니다.

"강을 건너 퀘벡을 공격하라."

울프 소장은 공격 명령을 계속 내렸지만, 강을 건너서 공격해야 하는 불리한 지형 때문에 공격은 번번이 실패로 돌아갑니다.

"퀘벡만 함락시키면 되는데 벌써 2개월 동안이나 꿈쩍도 안하고 있어. 이러다가 우리가 지고 만다."

"사령관 님. 보고 드릴 게 있습니다."

"그래? 무슨 일인가?"

"기뻐하십시오. 사령관 님. 퀘벡으로 상륙할 비밀 통로를 찾아냈습니다."

"뭐라고? 그게 정말인가?"

2개월 동안 공격해도 함락시키지 못한 퀘벡으로 통하는 비밀 통로가 있다는 말에 울프 소장은 뛸 듯이 기뻐합니다.

"오늘 밤 4,000명의 병사를 그 곳을 통해 상륙시켜라."

울프 소장은 곧바로 명령을 내리고, 9월 12일 저녁 4,000여 명의 병사를 몰래 상륙시킵니다.

"뭐라고? 영국군이 퀘벡에 상륙했다고? 말도 안 돼! 어떻게 그런 일이 일어날 수 있어!"

프랑스군의 몽칼름 후작은 처음에는 이 사실을 믿지 못했지만 직접 눈으로 영국군을 확인하고서야 대책을 세웁니다.

"적이 강을 건넌 이상 어쩔 수 없다. 에이브러햄 평원에서 영국군과 싸운다."

영국군은 에이브러햄 평원에서 프랑스군과 치열한 전투를 벌입니다.

"울프 사령관 님이 총에 맞았다."

"몽칼름 후작이 총상을 입었다."

하루 종일 벌어진 전투에서 프랑스군은 영국군에게 참패를 당하고 맙니다. 그리고 이날 전투는 양쪽 사령관이 모두 사망할 만큼 치열한 전투였습니다.

결국 퀘벡 전투에서 승리한 영국군은 전쟁에서 승리를 하게 됩니다.

전쟁 속 무기 이야기 –용기병

전투에서 공격에 나설 때는 경기병으로 싸우고, 방어할 때는 말을 타지 않고 보병으로 싸우는 병사들을 말합니다. 용기병이라는 용어는 드래군이라고 불리는 짧은 총을 사용한 병사들에게서 유래되었습니다. 용기병은 대대단위가 아니라 중대단위로 편성되었으며 장교와 하사관들은 보병 칭호를 지녔습니다.

20세기에 기병의 존재가 사라짐에 따라 용기병이라는 용어와 그 기능도 같이 사라졌습니다.

역사에서 만약이란!

"인디언들이다!"
"인디언이 공격해 온다!"
젖과 꿀이 흐르는 천국이라고 생각하고 어렵게 도착한 신대륙 아메리카는 생각보다 만만한 곳이 아니었습니다.

신대륙 개척단은 1607년 4월 26일 현재의 버지니아 주 체사피크 만에 처음 도착하던 날, 인디언들이 기습해서 개척민 두 명이 중상을 입습니다.

"이곳에 온 이상 우리는 살아남아야 한다."
그들이 꿈꾸던 천국은 아니었지만 여기까지 온 이상 개척단들은 살아남아야만 했습니다. 그들은 체사피크 만 안쪽의 작은 반도에 방책을 쌓고 그 안에 거주지를 만들었습니다. 이 방책이 북아메리카 최초의 정식 영국 식민지인 제임스타운의 시작이었습니다.

"새로 정착한 사람들과 사이좋게 지내야 한다."

제임스타운 근처에 사는 토착 인디언 부족 포와탄 족은 영국 개척민과 사이좋게 지내기를 원했습니다.

"나의 딸 포카혼타스여. 넌 백인과 결혼해라. 우리 부족은 전쟁을 원하지 않는다는 걸 보여줘야 한다."

부족 추장 포와탄은 자신의 딸을 백인에게 결혼시키며 화해의 표시를 합니다.

"겨울에 식량이 없으면 우리 부족이 식량을 주겠소."

게다가 포와탄 족은 버지니아 개척민들에게 공짜로 식량까지 제공해 줍니다. 포와탄 족을 포함한 인디언들은 개척민과 친하게 지내어 동맹 관계를 맺으려고 했습니다.

하지만 개척민의 생각은 달랐습니다.

"식량이 떨어졌습니다."

"걱정하지 마라. 인디언 마을에 가면 식량은 쌓여 있다. 배고플 때는 인디언 마을을 찾아가 빼앗아오면 된다."

개척민에게 인디언은 식량을 약탈할 존재였을 뿐입니다.

결국 노련한 외교관이었던 포와탄이 죽고 나서부터 인디언 부족과 개척민들은 서로 전쟁을 하게 되고 이는 계속 심해지기만 합니다.

만약 인디언과 백인들이 처음 만났을 때 백인들이 인디언의 진심을 조금이라도 알아줬다면 그 이후에 일어나는 인디언 대학살은 일어나지 않았을 겁니다.

1673년 청나라 오삼계가 삼번의 난을 일으킴
1684년 타이완을 청나라 푸젠성에 귀속
1724년 조선 영조 등극
1750년 청나라의 티베트 보호령
1776년 조선 정조 등극

북아메리카에서의 재대결 **영국-프랑스 식민지 전쟁**

맞수 대격돌 루이 14세 대 윌리엄 3세

"신교도(프로테스탄트)는 우리의 적이다."

프랑스 루이 14세는 자신이야말로 가톨릭을 지키는 수호자라고 생각했습니다. 반면에 영국의 왕 윌리엄 3세는 루이 14세와 전혀 다른 생각을 가지고 있었습니다.

윌리엄 3세는 네덜란드 빌럼 2세와 영국 찰스 1세의 딸 메리의 사이에서 태어난 아들이었습니다. 하지만 태어나기 1주일 전 아버지 빌럼 2세가 죽어 어려운 성장기를 보냅니다.

"루이 14세가 네덜란드를 침입했다."

1672년 프랑스 루이 14세가 네덜란드를 침략하자 윌리엄 3세는 육해군 최고 사령관이 되어 나이메겐 평화 협상을 이끌어 냅니다.

"윌리엄 이놈! 두고 보자."

루이 14세는 처음으로 윌리엄 3세에게 패배를 당하게 됩니다.

윌리엄 3세는 후에 영국 제임스 2세가 되는 요크 공의 딸 메리와 결혼하여 영국 내에서 세력을 키웁니다.

"제임스 2세가 영국에 가톨릭을 부활시키려 한다."

영국 제임스 2세가 가톨릭을 부활하려고 하자 의회에서는 심하게 반대합니다. 결국 1688년 11월, 의회의 요청에 따라 윌리엄 3세는 군대를 이끌고 영국에 상륙해서 '명예혁명'을 달성합니다.

"이제부터 본격적으로 프랑스의 루이 14세의 야망을 막겠다."

윌리엄 3세는 정치를 영국 의회에 맡기고, 다시 루이 14세가 유럽을 지배하는 것을 막기 위해 힘을 기울입니다.

그리고 1701년, 스페인 계승전쟁에 개입하여 루이 14세와 치열한 싸움을 벌이면서 치열한 라이벌 대결을 벌입니다.

식민지 약탈의 또 다른 이름, 동인도 회사

해외 식민지를 경영하기 위해 유럽 국가들은 동인도 회사를 차립니다. 각국의 동인도 회사는 동인도의 특산품인 후추, 커피, 사탕수수, 면직물 등의 무역 독점권을 둘러싸고 서로 싸우게 됩니다.

1602년에 설립된 네덜란드 동인도 회사는 동인도의 여러 섬을 정복한 다음 직접 지배하거나 그 지역의 지배 세력을 통한 간접 지배를 통해 향신료 무역을 독점합니다.

그러나 1652년부터 오랫동안 영국-네덜란드 전쟁이 계속되었고, 여기에 심한 타격을 입은 네덜란드는 영국과의 상업 전쟁에서도 지게 됩니다.

게다가 18세기 이후 향신료 무역이 부진하게 되자 네덜란드 동인도 회사는 식민지 경영을 주로 하게 됐으며, 1799년에는 영토를 정부에 이양하고 해산합니다.

한편 영국 동인도 회사는 1600년 설립됐으며 프랑스와 벌인 플라시 전투에서 승리해 인도 무역을 거의 독점하고, 인도를 식민지화하기 시작합니다.

그 후 영국 동인도 회사는 자국 내에서 비판이 일어나고, 경영난에 빠집니다. 결국 회사가 정부에 원조를 요청하게 되어 1773년 영국 정부의 감독 하에 놓이게 됩니다.

1858년 세포이의 항쟁 후, 영국 동인도 회사는 국왕의 직접 통치 하에 들어가게 되고, 결국 1876년에 해산되고 맙니다.

동인도 회사는 식민지 시대에 유럽 국가의 이익에 충실했던 역할을 끝내고 역사 속으로 사라집니다.

11 민주주의의 초석을 다지다
미국 독립 전쟁
1775년~1783년

영국은 프랑스와 전쟁에서 진 빚을 갚기 위해 미국 식민지에 대해 무거운 세금을 매기기 시작했습니다.

설탕법, 당밀법 등으로 당밀, 설탕, 철, 소금 등의 수입품에 대해서 관세를 부과했고, 신문, 일간지, 트럼프 카드 등 출판되는 모든 출판물에 세금을 매기는 인지세법이 발표되면서 식민지 사람들의 저항은 커져만 갑니다.

"보스턴에서 학살 사건이 일어났다. 영국 놈들이 사람을 학살했다."

1770년 3월에 보스턴 학살 사건이 발생합니다. 미국 식민지인들이 보스턴에서 시가행진을 하던 영국군과 충돌하여 보스턴 시민 5명이 사망한 사건입니다.

이러한 불만이 쌓일 대로 쌓여서 마침내 1773년, 미국 독립 전쟁에 결정적 사건이 되는 보스턴 차 사건이 발생합니다. 이것을 계기로 식민지 사람들은 본격적으로 저항을 시작하게 됩니다.

1774년 제1차 대륙회의를 통해 그들은 민병대를 조직하여 군수물자를 비축하기 시작했습니다. 그리고 1775년에는 제2차 대륙회의를 열어 미국 독립선언서의 기초 작업을 하기 시작했고, 대륙군을 창설하였으며, 조지 워싱턴 장군을 대륙군 총사령관으로 임명하였습니다.

"이제부터 미국은 독립국이다."

"감히 우리 영국에서 독립을 하겠다고!"

전쟁은 영국의 토머스 게이지 장군이 매사추세츠 콩코드에 있는 대륙군 탄약 창고를 파괴하기 위해 보스턴에 있던 군대를 파견함으로써 시작됩니다.

하지만 1755년부터 1756년까지는 워싱턴이 이끄는 대륙군이 계속 패하기만 합니다.

18세기 영국 식민지 시대의 미국 동부지역

특히 1776년 7월 4일 독립을 선포한 식민지인들이 영국 측의 평화 제의를 거부하자 영국군의 하우 장군은 롱아일랜드에 상륙해, 8월 27일 대륙군 총사령관인 조지 워싱턴의 부대를 무찔러 버립니다.

이에 맞서 워싱턴은 그해 성탄절 밤 트렌턴에 주둔

조지 워싱턴
미국의 초대 대통령이자 미국 독립 전쟁에서 대륙군 총사령관으로 활동한 인물입니다. 그는 미국 건국과 혁명의 과정에서 아주 중요한 역할을 해냈습니다.

중인 콘월리스의 수비대를 공격해 1,000여 명의 포로를 사로잡았고, 영국군 증원 부대를 무찔렀습니다.

"이겼다. 영국 놈들을 이겼다."

"워싱턴 장군 만세!"

워싱턴이 이룬 트랜턴과 프린스턴에서의 승리는 식민지 사람들에게 독립 투쟁 의지를 키우게 했습니다.

1777년이 되자 전쟁은 더욱 치열하게 펼쳐집니다. 존 버고인 장군의 지휘를 받은 영국군이 캐나다로부터 남쪽으로 이동해서 1777년 7월 5일 타이칸더로가 요새를 점령합니다.

"군대를 재정비하려면 말이 더 필요하다. 독일 용병 부대에게 말을 구해 와라."

존 버고인 장군의 명령을 들은 영국군은 말을 더 구하기 위해 베닝턴으로 갔으나 그곳에서 뉴잉글랜드의 대륙군에게 거의 전멸당하고 맙니다.

"이놈들이!"

화가 난 존 버고인 장군은 군대를 움직여 대륙군을 무찌르려고 했으나 1777년 새러토가 전투에서 대륙군에게 패한 후 항복하고 맙니다.

"이대로라면 영국군을 무찌를 수 있어."

워싱턴은 새러토가 전투에서 자신감을 얻지만 곧 9월 11일 브랜디와인 강에서 영국군에게 패하고 맙니다. 게다가 9월 25일에는 식민지 수도인 필라델피아까지 점령당하고 맙니다.

그해 겨울 워싱턴이 이끄는 1만 1,000명의 병력은 혹독한 겨울을 나게 됩니다. 추위와 식량부족으로 힘든 겨울이었지만 프로이센 출신의 장교 프리드리히 빌헬름 폰 슈토이벤 남작으로부터 기동훈련과 효과적인 무기 사용법을 배우게 됩니다.

"자! 우리는 강한 군대가 되었다. 봄이 되면 영국군을 공격한다."

폰 슈토이벤 남작의 도움으로 워싱턴은 1778년 6월 28일 뉴저지의 몬머스에서 영국군에게 승리합니다. 이 전투 이후로 북부지역의 영국군은 주로 뉴욕 시와 그 주변 지역에만 주둔하게 됩니다.

한편 프랑스는 1776년 이후 은밀하게 미국 식민지에 물자 보급과 재정 원조를 계속해 왔습니다. 영국의 불행은 곧 프랑스의 행복이라고 생각했던 것입니다.

하지만 물자와 재정 지원만으로는 미국이 영국을 이길 수 없다고 판단한 프랑스는 결국 영국에 선전포고를 하여 직접 개입합니다.

프랑스가 영국에 선전포고를 하자 워싱턴은 전쟁에서 이길 수 있다는 확신을 하게 됩니다.

미국 북부 지역은 영국군과 식민지 대륙군이 지루하게 전쟁을 진행하고 있었지만, 남부에서는 프랑스군이 활약을 펼칩니다.

이제 전쟁은 영국군에게 불리하게 진행되기 시작했습니다.

1780년 8월 16일 사우스캐롤라이나 주의 캠던에서 콘월리스가 지휘하는 영국군은 게이츠 장군의 대륙군을 격파했으나 1월 17일 킹스마운틴에서, 그리고 1781년 1월 17일 카우펜스에서 대륙군으로부터 커다란 패배를 당하고 맙니다.

결국 영국의 콘월리스 장군은 버지니아에 요크타운 기지를 설치합니다. 다른 영국군 병력이 합류할 때까지 기다리기 위해서였죠.

"오히려 잘 됐다. 공격해야 할 목표물이 하나로 줄었어!"

이에 지지 않고 워싱턴은 프랑스의 병력과 합쳐서 요크타운을 공격합니다.

"막아라! 기지를 지켜야 한다."

"공격! 공격! 요크타운만 함락시키면 영국군을 이길 수 있다."

치열한 전투가 펼쳐진 끝에 워싱턴의 공격을 버티지 못한 7,000명의 영국군 병력은 1781년 10월 19일 항복하고 맙니다.

요크타운 전투를 끝으로 1783년 11월 파리 조약을 통해 13개의 미국 주는 영국으로부터 독립을 얻을 수 있었습니다.

미국의 독립 전쟁은 프랑스의 지원을 받은 부분도 있지만, 그보다 먼저 대륙군의 훌륭한 활약이 있었기 때문에 가능한 일이었습니다.

더구나 미국의 독립 선언서에는 '인간의 권리는 하늘에서 부여받았다.' 라는 천부인권 사상이 담겨 있어서 이후 민주주의 발전에 기반이 됩니다.

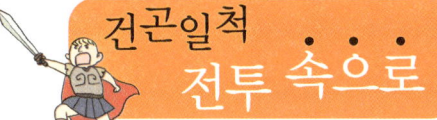 

전투명 : 새러토가 전투
전투시기 : 1777년

"존 버고인 장군이 이끄는 영국군이 타이콘더로 요새를 함락시켰습니다."
"보고 드립니다. 존 버고인 장군이 에드워드 요새마저 함락시켰습니다."

1777년 대륙군 총사령관 워싱턴은 존 버고인이 이끄는 영국군의 움직임에 골치를 앓고 있었습니다.

존 버고인은 약 8,000명의 영국군을 이끌고 7월 6일 타이콘더로가 요새를 함락시키고, 7월 31일에는 허드슨 강 상류의 에드워드 요새를 장악해 버립니다.

"이대로 존 버고인 부대를 방치해서는 안 된다. 호레이쇼 게이츠 장군 부대로 하여금 그를 막게 하라."

워싱턴은 급히 호레이쇼 게이츠 장군 부대에게 명령을 내립니다.

호레이쇼 게이츠 장군은 식민지군 1만 2,000명을 이끌고 뉴욕 새러토가 부근에서 존 버고인 장군의 영국군과 대치를 하게 됩니다.

9월 19일 존 버고인 군대는 남쪽으로 이동해 식민지군과 전투를 벌입니다. 제1차 새러토가 전투가 벌어진 것입니다.

"공격하라. 식민지 놈들을 몰아붙여라."

"장군님, 놈들의 방어선이 너무 강합니다."

존 버고인은 게이츠의 방어선을 돌파하는 데 실패하고 방향을 바꿔 올버니 방면으로 진격합니다.

"상황이 생각보다 쉽지 않다. 내가 직접 병력을 이끌고 나가겠다."

10월 7일 존 버고인은 1,500명의 병력을 이끌고 정찰에 나갑니다.

"존 버고인 부대다. 그가 직접 병력을 이끌고 있다. 공격!"

존 버고인은 정찰 도중 베네딕트 아놀드 장군이 이끄는 식민지군의 격렬한 공격을 받게 됩니다. 이 전투를 제2차 새러토가 전투라고 하죠.

존 버고인의 영국군은 이 전투에서 견디지 못하고 후퇴를 하기 시작합니다.

"병력과 물자가 너무 부족합니다."

여러 번 전투를 치룬 끝에 존 버고인 부대는 약 5,000명으로 줄어들었고 보급품도 떨어져 가고 있었습니다.

"끄응, 후퇴한다."

10월 8일 존 버고인은 후퇴를 하려고 하지만, 2만 명으로 병력이 늘어난 게이츠 부대는 존 버고인 부대를 완전히 포위하고 있었습니다.

"항… 항복한다."

포위를 당한 존 버고인 부대는 결국 10월 17일 항복을 하고 맙니다.

새러토가 전투에서 식민지군이 승리한 후 프랑스는 미국의 독립을 승인해 주고, 막대한 군사적 원조를 해줍니다. 이 때문에 새러토가 전투는 미국 독립 전쟁의 전환점을 맞는 전투였습니다.

 전쟁 속 무기 이야기 –잠수정

세계 최초의 잠수정은 미국의 데이비드 브쉬넬이 제작한 잠수정 터틀입니다. 1인승 잠수정으로 사람이 직접 추진력을 발생시키는 수동식 달걀형의 잠수정이었죠. 미국 독립혁명 때 대륙군의 터틀은 1776년 9월 7일 뉴욕 항에서 영국의 함대인 전함 이글호를 공격했으나 침몰시키는데 실패합니다.

"우리가 왜 아메리카 식민지를 잃은 지 아십니까?"
"그건 프랑스 놈들이 미국을 도와줬기 때문이오."
영국 수상 F. 노스는 단호하게 말을 했습니다.
"아닙니다. 미국이 우리 영국에게 독립한 건 참정권 때문입니다."
"참정권 때문이라고??"

"그럼 왜 식민지에서 독립전쟁이 일어났는지 생각해 보십시오."

영국 수상 F. 노스 1773년 일어난 보스턴 차 사건을 떠올렸습니다.

영국은 미국 식민지의 상인에 의한 차의 밀무역을 금지시키고, 이를 영국이 운영하는 동인도 회사에게 독점권을 부여하는 관세법을 만듭니다.

"영국 놈들을 혼내 주자."

식민지 자치에 대한 지나친 간섭에 분노한 보스턴 시민들이 인디언 복장으로 변장하고 항구에 정박한 동인도 회사 선박 2척을 습격합니다.

"차를 모두 바다에 처넣어 버려!"

그들은 342개의 차 상자를 깨뜨리고 그 안의 차를 모조리 바다로 던져 버립니다. 이 사건을 빌미로 영국은 식민지 탄압을 더욱 강화하였으며, 이 때문에 미국 독립전쟁이 일어나게 됩니다.

"식민지 사람들은 많은 세금이 내서 독립운동을 한 것이 아닙니다. 그 세금에 맞는 권리만 줬다면 독립운동까지는 가지 않았을 겁니다."

"세금에 맞는 권리가 정치에 참여할 수 있는 참정권이었단 말인가?"

"그렇습니다."

만약 영국이 아메리카 식민지 사람에게 세금에 맞는 참정권을 줬다면 독립전쟁까지는 가지 않았을 겁니다.

1754년 인도 무굴왕조의 아람기르 2세 즉위
1779년 이란 잔드왕조의 카림 칸 사망
1781년 청나라 감숙성에서 이슬람교도의 난 발생

민주주의의 초석을 다지다 미국 독립 전쟁

맞수 대격돌 워싱턴 대 베네딕트 아놀드

워싱턴은 독립전쟁 내내 크고 작은 반란 사건에 시달리고 있었습니다.

1780년 5월, 독립군 2개 연대가 뉴저지 모리스타운에 있는 지휘 본부에 들이닥칩니다. 그들은 5개월이나 밀린 급여와 보급품을 달라고 반란을 일으킵니다.

워싱턴은 펜실베이니아에서 군대를 이용해 겨우 진압을 하게 되지만, 이후에도 반란 사건을 더 겪게 됩니다.

"베네딕트 아놀드가 배신을 했습니다."

워싱턴을 가장 괴롭혔던 반란은 베네딕트 아놀드의 배신이었습니다.

베네딕트 아놀드는 워싱턴의 지휘본부에서 근무하는 지휘관이었습니다. 그는 1779년 5월부터 비밀리에 영국군 클린턴에게 워싱턴의 전략에 대한 정보를 제공해 버립니다.

"뉴욕 주의 테리타운에서 민간인 복장을 한 영국 소령을 체포했는데, 그가 말하길 베네딕트 아놀드가 정보를 제공했답니다. 더 놀라운 사실은 그가 웨스트포인트 요새를 영국에게 몽땅 넘겨주려는 계획까지 한 걸로 밝혀졌습니다."

"당장 베네딕트 아놀드를 체포해라."

하지만 베네딕트 아놀드는 이미 허드슨 강을 넘어 영국으로 도망간 후였습니다.

"베네딕트 아놀드가 영국군 준장이 되어 나타났습니다."

후에, 베네딕트 아놀드는 영국의 준장으로 임명되어 식민지군과 싸우게 됩니다. 그는 한때 새러토가 전투에서 게이츠 장군과 함께 승리를 이끈 장군이었지만 차별 대우를 받았다고 배신을 한 것이었습니다.

지금도 미국에서 베네딕트 아놀드는 '변절자'의 대명사로 쓰이고 있습니다.

워싱턴은 영국군과 싸우는 것도 모자라 같은 편이 일으킨 반란과도 싸워서 미국 독립을 얻어낸 것입니다.

토착민 인디언들의 비극. 눈물의 길

1830년 미국 7대 대통령 앤드루 잭슨은 인디언 이주법을 발표합니다. 이 법은 미국 남동부 주 경계에 살던 인디언 부족이 땅을 내놓고 떠나면 그 대가로 서부 대평원 미개척지를 주겠다는 내용이었습니다.

그 이유는 미시시피 강 동쪽 지역의 개척이 빨라지면서 백인들이 정착할 땅이 필요했기 때문이었습니다.

법안에는 부족들과 협상을 하라고 적혀 있었지만, 미국 정부는 인디언의 토지를 빼앗기 위해 무력을 사용하게 되고 이로 인해 분쟁이 발생합니다.

특히 이 지역에 살고 있는 5대 문명 부족(치카소, 촉토, 세미놀, 체로키, 크리크)은 미국의 제안을 완강히 거절합니다.

1830년대에 10만여 명의 인디언들이 미국군에 의해 서부지역으로 강제 이주했는데, 그 과정에서 25%에 이르는 인디언들이 쇠고랑을 차고 가다 도중에 죽습니다. 1838~39년 체로키 족의 이주는 비극적인 '눈물의 길' (Trail of Tears)로 유명합니다.

인디언의 대다수는 민주주의를 따랐고, 자녀들을 선교사 학교에 보냈으며, 대부분 농업보다는 무역에 종사했습니다.

후에 서부 개척이 시작되자 강제로 이주한 인디언들이 정부로부터 새로 받은 토지의 소유권마저 축소됩니다.

12 민초들의 위대한 저항
프랑스 대혁명
1789년~1794년

"폐하, 국가 재정이 파산 직전입니다."

프랑스는 루이 14세부터 여러 가지 전쟁에 개입하면서 재정이 어려워지기 시작했습니다. 그리고 결정적으로 미국 독립 전쟁에 참가하면서부터 파산 직전까지 오게 되었죠.

"그럼 세금을 더 거두면 되겠네."

"하지만 여기서 세금을 더 거두면 3신분들이 반발할 것이 뻔합니다."

당시 프랑스에는 3개의 신분이 있었습니다. 추기경 등의 가톨릭 성직자가 제1신분, 귀족이 제2신분, 그리고 평민들이 제3신분을 이루고 있었습니다. 제1신분과 제2신분은 세금을 내지 않았기 때문에 제3신분들의 불만은 극에 달해 있었습니다.

"제3신분들의 불만을 없애기 위해 삼부회를 소집하는 게 어떻습니까?"

"170년간 열리지 않았던 삼부회를 소집한다고?"

삼부회는 지금의 국회의 역할을 하는 회의였습니다. 1신분부터 3신분까지 모든 신분이 참가해서 정책을 결정하는 자리였습니다.

"좋다, 그럼 삼부회를 소집하라."

루이 16세는 시민들의 불만을 잠재우고 세금을 늘릴 방법으로 삼부회를 소집합니다.

"베르사유 궁전에서 삼부회가 소집된다. 시민 대표는 베르사유 궁전으로 가자."

1789년 베르사유 궁전에서 삼부회를 소집하였고, 귀족 300명, 성직자 300명, 평민 600명이 대의원으로 선출됩니다.

"세금을 더 올리겠다고? 이건 말도 안 돼!"

"루이 16세께서 세금을 올리겠다는데 그걸 반대하는 거냐?"

"좋다. 투표로 하자. 대신 각 신분에 따라 투표수가 달라진다."

"뭐라고! 한 사람에게 한 표씩 투표권을 줘야지 신분이 높다고 투표권을 더 가져가면 어쩌란 말이야!!"

평민 대표들은 사람 숫자대로 표결하자는 방식이 채택되지 않자 1789년 6월 20일 회의장을 테니스 코트 건물로 옮깁니다.

"우리 요구가 승인되어 헌법이 새로 만들어질 때까지 이 의회는 해산되지 않는다!"

평민 대표들은 선언과 함께 국민의회를 만듭니다.

이 사건이 유명한 '테니스 코트의 서약' 입니다.

그리고 평민의 뜻에 내심 동조하고 있던 진보적 가톨릭 사제들과 자유주의 귀족 47명도 합류하여 7월 9일에 제헌국민의회라고 이름을 바꾸고, 최고 입법 기관으로서 프랑스 헌법 제정에 착수하게 됩니다.

"왕을 지지하는 왕당파가 제헌국민의회를 무력으로 해산시키려고 한다."

"지방에 군대가 속속 모여들고 있어. 곧 파리로 몰려온대."

"우리가 이대로 당할 순 없다! 바스티유 감옥을 습격하여 정치범들을 석방시키자."

급기야 7월 14일 아침, 흥분한 파리 시민들은 바스티유 감옥을 습격합니다.

"바스티유 감옥이 시위대에게 습격 당했다. 시민들이 무기로 무장하기 시작했다."

"혁명이다! 혁명!"

"프랑스 대혁명 만세!"

바스티유 감옥 습격 사건을 시작으로 혁명의 기운은 불길처럼 지방까지 번져 나갑니다.

18세기 말, 바스티유 감옥 습격 사건

시민들의 행동에 자신을 얻은 제헌국민의회는 8월 4일에 봉건적 특권을 모두 폐지하고, 26일에는 프랑스 인권 선언을 채택합니다.

"이건 반란이다! 반란!"

그러나 루이 16세는 제헌국민의회의 선언을 인정하지 않았습니다.

"우리의 뜻을 거부하는 루이 16세를 끌어내리자!"

파리 시민들은 베르사유 궁전으로 행진하여 루이 16세를 잡아다 파리로 끌고 옵니다.

1791년 새로운 정치 체제와 루이 16세 처리 문제로 푀양당과 자코뱅당 그리고 지롱드당이 서로 대립하기 시작합니다.

"왕이 도망쳤다. 루이 16세가 오스트리아로 도망쳤다."

1791년 6월에 루이 16세 일가는 오스트리아로 도망가려다 발각되어 잡히는 '바렌 도주 사건'이 벌어지고 맙니다.

한편 프랑스에서 혁명이 벌어지자 이 불똥이 자기 나라로 튈 것을 염려한 오스트리아와 프로이센은 자국의 혁명지지자들을 탄압하고 있었습니다. 이에 프랑스는 1792년에 오스트리아와 프로이센에게 선전포고를 하고 혁명전쟁을 시작하였습니다. 그러나 전쟁 초기에는 오스트리아와 프로이센의 연합군에게 프랑스군은 계속 패배하고 있었습니다.

이런 상황에서 루이 16세가 오스트리아로 도망치다 잡혔으니 보통 문제가 아니었습니다.

"루이 16세를 죽이자."

"왕을 죽이다니! 절대 안 돼!"

"왕은 우리 프랑스를 외국에 팔아넘기려고 했어. 그 죄만으로도 죽어 마땅해!"

결국 9월 20일 입법의회가 해산되고 국민공회가 소집됩니다.

"이제부터 프랑스는 국민이 직접 다스리는 공화정을 실시하고, 루이 16세를 처형한다."

국민공회는 공화정을 선포하고 루이 16세의 처형을 결정합니다.

1793년 1월에 루이 16세를 단두대에서 처형하게 됩니다.

"이제 혁명을 가속해야 할 시기가 왔다!"

1793년 6월 로베스피에르가 주도하는 강경파 자코뱅당은 국민공회에서 온건파 지롱드당을 몰아내 버립니다. 그리고 로베스피에르는 민주적인 새 헌법 제정을 보류하고 공안 위원회를 중심으로 혁명 정부를 수립합니다.

"공안위원회에서 혁명에 반대하는 사람들을 조사하겠다."

로베스피에르는 혁명을 완성시키기 위해 혁명에 반대하는 사람들을 단두대에서 처형하는 공포정치를 실시합니다.

"로베스피에르 만세!"

"우리를 지금까지 괴롭혔던 귀족들을 처벌해라."

로베스피에르의 정책들은 가난한 시민들의 많은 지지를 받았지만, 상공업자들과 토지를 가진 농민들은 혁명이 더 이상 진행되는 것을 원하지 않았습니다.

결국 1794년 7월 27일에 로베스피에르를 국민공회에서 죽음을 당하고 맙니다. 이것을 '테르미도르의 반동'이라고 부릅니다.

"이제부터 총재 정부가 프랑스를 이끌어 가겠다."

로베스피에르가 처형된 후인 1795년에 국민공회는 '1795년 헌법'을 제정하고 이를 바탕으로 총재정부를 수립합니다. 5명의 총재가 행정권을, 원로원과 500인회에서 입법권을 갖는 정치체제였지만 처음부터 반대파의 반란을 겪게 됩니다.

"나폴레옹이 반란을 진압했다! 나폴레옹 만세!"

나폴레옹은 1799년에 쿠데타를 일으켜 총재정부를 없애고, 통령정부를 수립하여 제1통령의 자리에 오르면서 프랑스 혁명은 새로운 방향으로 흘러가게 됩니다.

1789년에 시작된 프랑스 대혁명은 유럽 사회 전체를 충격에 빠뜨릴 만큼 충격적인 사건이었습니다. 그 전까지는 시민들이 왕을 직접 잡아다 처형한다는 건 꿈에도 생각하지 못한 일이었기 때문이죠. 그만큼 구시대의 잘못된 점을 고쳐 나가겠다는 시민들의 의지가 강했다고 말할 수 있습니다.

그리고 프랑스 혁명의 정신인 자유와 평등, 박애는 근대 이후의 역사에서 가장 중요한 가치로 여기게 되죠. 근대 이후 세계의 모든 국가들이 프랑스 혁명의 이념에 따라 구질서를 물리치고 민주주의와 자본주의의 길을 열었다는 점 때문입니다. 이후 유럽의 역사는 혁명의 소용돌이 속으로 빠져들게 됩니다.

전투명 : 바스티유 감옥 습격
전투시기 : 1789년

"바스티유 감옥을 해방시키자!"

제헌국민의회를 진압하기 위해 지방에 있는 군대가 몰려온다는 소문이 퍼지자 파리 시민들은 무장을 한 채 바스티유 감옥을 습격하기로 결정합니다.

당시 파리 시민들은 혁명을 준비하던 정치범들이 루이 16세와 귀족들에게 반대하여 바스티유 감옥 안에 갇혀있다고 믿고 있었습니다. 하지만 습격 당시 바스티유에는 7명의 죄수만이 있을 뿐이었고 정치범은 없었습니다.

"무장한 시민들이 바스티유 감옥을 향해 몰려오고 있습니다."

"우리만 가지고는 시민들을 막을 수 없습니다. 포기하고 도망쳐야 합니다."

상황이 이럼에도 교도소 주둔군의 지휘자였던 베르나르-레네 드 뢰네는 대부분 늙고 병약한 부하 80여 명을 바라볼 뿐 쉽게 결정을 못 내립니다.

"난 이곳 책임을 맡은 사람이다. 우린 이곳에서 끝까지 싸운다."

베르나르-레네 드 뢰네는 80명의 부하들과 함께 1천여 명의 무장한 시민을 상대로 저항을 결심합니다.

"바스티유 감옥을 함락시켰다. 만세!"

결국 바스티유는 함락되었고 뢰네는 시민들에게 잡혀 살해당하고 맙니다.

바스티유 습격은 시민군과 정부군 간의 최초의 충돌 사건이었습니다. 이후에 바스티유 습격 사건은 점점 더 크게 번져 시민과 정부 간의 치열한 시가전으로 번져 나갑니다.

바스티유 감옥 습격은 구질서의 붕괴를 알리는 사건이었습니다.

역사에서 만약이란!

"반란군 놈들 두고 보자."

시민군에게 붙잡혀 있던 루이 16세는 오스트리아로 망명하기 위해 마차에 오르고 있었다.

"오스트리아로 망명만 성공하면 여러 국가의 왕들과 연합해서 파리를 불태워 버리겠다."

루이 16세는 왕당파 의원 미라보 백작의 참고 기다리라는 충고마저 무시하고 오스트리아로의 망명을 결심했습니다.

"거기 누구냐?"

"들… 들켰다."

그러나 불행하게도 루이 16세는 국경을 넘기 직전에 잡히고 맙니다.

"이제부터 루이 16세를 어떻게 처리해야 하지?"

혁명 지도부는 외국으로 도망치다 잡힌 루이 16세 처리문제로 서로 대립하게 됩니다.

"입헌군주제로 가야 합니다."

"아예 왕을 죽이고 공화정으로 가야 합니다."

혁명 정부 지도부들은 매일 자기 주장을 되풀이하면서 싸우기 일쑤였습니다.

"오스트리아와 전쟁이다."

1792년 4월, 오스트리아의 개입으로 마침내 프랑스는 오스트리아와 전쟁을 시작됩니다.

"오! 오스트리아가 나를 구하기 위해 군대를 보냈구나."

루이 16세는 오스트리아와 전쟁이 벌어졌다는 사실에 기뻐했습니다.

"국왕 가족의 목숨이 위태로우면 파리를 쑥대밭을 만들 것이다."

오스트리아군 사령관 브라운슈바이크 공작이 혁명 정부를 협박했습니다.

"루이 16세가 오스트리아와 손을 잡고 프랑스를 팔아먹으려고 한다."

이런 소문이 삽시간에 파리로 퍼져나가고, 급기야 외국과 내통하고 있다는 증거가 튀를리 궁에 있는 비밀 벽장에서 발견되고 말았습니다.

"프랑스를 팔아먹고 혁명을 없애려고 한다. 왕을 죽여라."

루이는 국민공회로부터 유죄 판결을 받았고, 1793년 1월 21일에 파리의 혁명광장에서 단두대의 이슬로 사라지고 맙니다.

만약 루이 16세가 혁명 도중에 외국과 손을 잡지 않고 도망치지 않았다면 프랑스 대혁명은 다른 방향으로 진행됐을 것입니다. 혁명정부 지도부 내부에서 루이 16세를 중심으로 한 영국식 입헌군주제를 추진하려는 움직임이 있었기 때문이죠.

하지만 루이 16세의 오스트리아 망명 사건은 이 모든 가능성을 없애 버리는 결과를 가져오고 말았습니다.

1796년 청나라 백련교의 난 일어남
1800년 조선 정조 사망

맞수 대격돌 — 로베스피에르 대 당통

"어느 정도 타협과 협상도 필요하오. 주변국과 타협하고 유럽을 안정을 시켜야 혁명도 완성할 수 있소."

"그렇다고 혁명을 반대하는 사람까지 모두 용서할 수는 없소."

로베스피에르와 당통은 공안위원회의 권한을 놓고 서로 격렬하게 대립했습니다. 로베스피에르와 당통은 모두 프랑스의 혁명가이자 정치가였습니다.

두 사람은 국민공회에서 강경파에 속하는 자코뱅당을 이끌고 1793년 정권을 잡습니다.

"공안위원회를 만들어 혁명에 방해되는 것들을 없애야 한다."

두 사람은 공안위원회를 만들어 독재 권력을 만듭니다. 문제는 공안위원회를 통해 실시한 공포정치 문제로 두 사람은 의견이 갈라지게 됩니다.

로베스피에르는 강경파였고, 당통은 온건파였기 때문이죠.

"로베스피에르, 공포정치는 한계가 있소. 처음에 사람들은 공포에 겁을 먹고 따라오는 것처럼 보이지만 언젠가는 그 공포에 저항할 것이오. 그리고 그들은 로베스피에르 당신을 죽일 것이오."

"당통, 난 당신을 진정한 동지라고 생각하오. 하지만 내 뜻과 상관없이 공안위원회에서 당신을 죽일지도 모릅니다."

그의 말대로 공안위원회는 독재와 공포정치의 완화를 요구하던 당통을 반역자로 처형하고 맙니다.

"잘 가시오. 친구."

로베스피에르의 공안위원회는 당통을 제거하고 나서 더욱 강하게 공포정치를 펼칩니다. 하지만 당통의 말대로 공포정치가 계속되자 소상인과 토지를 가진 농민들이 저항을 하기 시작합니다. 결국 로베스피에르도 1794년 단두대에서 처형을 당하고 맙니다. 로베스피에르와 당통은 동료이자 라이벌이었지만 프랑스 혁명이 위기에 빠졌을 때 이를 지켜낸 혁명가들이었습니다.

자본주의 시대의 새로운 계급. 부르주아

13 다시 타오르는 세계 정복의 야망
나폴레옹 전쟁
1797년~1815년

    1794년 로베스피에르가 처형을 당하고 나자, 나폴레옹은 로베스피에르의 남동생 오귀스탱과 관계가 있다는 혐의로 감옥에 갇힙니다. 그러나 그는 총재 정부의 총재 파울 바라스에 의해 등용되어, 1795년 10월 5일 파리에서 왕당파가 반란을 일으키자 파리 시내에 대포를 쏘는 대담한 전술로 그들을 진압하면서 파리 시민들에게 강한 인식을 심어 줍니다.

    1796년 총재 정부의 인정을 받기 시작한 나폴레옹은 이탈리아에 있는 오스트리아군을 물리치는 부대의 지휘관이 됩니다. 그리고 그는 알프스 산맥을 넘어 이탈리아에 주둔한 오스트리아군을 제압합니다.

    1797년에는 오스트리아의 수도 빈

마저 점령해 버립니다.

오스트리아는 프랑스에 굴복하고 캄포포르미오 조약을 체결하여 벨기에와 이탈리아의 북부 지방인 롬바르디아를 프랑스에게 넘겨주게 됩니다.

"나폴레옹 만세! 만세!"

이러한 군사적인 업적으로 나폴레옹의 인기는 날로 높아져만 갔습니다.

이를 의식한 총재 정부는 나폴레옹을 견제하기 위해 이집트로 가라는 명령을 내립니다. 1798년 5월 나폴레옹은 5만여 명의 병력을 이끌고 이집트의 알렉산드리아 항에 상륙한 후, 카이로에 입성하여 피라미드 전투를 승리로 이끕니다.

그해 7월, 프랑스 해군이 아부키르 만에서 영국 함대에 패하여 본국과의 연락이 끊기자, 나폴레옹은 혼자서 몰래 이집트에서 탈출, 10월에 프랑스로 귀국하고 맙니다. 그러자 총재 정부의 명령에 반한 그를 처벌하려는 움직임이 시작됩니다.

나폴레옹은 1799년 11월 9일 군대를 동원해서 쿠데타를 일으켜 정권을 잡습니다. 그는 인기를 등에 업고 프랑스 원로원으로부터 10년 임기의 제1통령으로 임명되어 불과 30세의 나이에 프랑스를 자신의 손아귀에 넣었습니다.

"이제 전쟁을 멈추고 평화 협정을 합시다."

나폴레옹은 프랑스와 싸우고 있는 연합국에 평화협정을 제의했으나 거절당합니다. 이에 나폴레옹은 또다시 전쟁을 다짐합니다.

"내가 직접 알프스 산맥을 넘어 이탈리아를 또다시 쓸어버리겠다."

그는 험준한 알프스를 넘어 1800년 2월 마렝고 전투에서 오스트리아를 굴복시켰고, 다음해 2월 오스트리아는 평화 협상 제의를 받아들여 라인 강의 절반을 프랑스에 넘겨줍니다. 그리고 북이탈리아 등은 프랑스의 보호국이 됩니다.

결국 프랑스는 영국과 아미앵 조약을 체결하여 10년 만에 유럽은 안정을 되찾습니다.

"이제 황제에 오르십시오."

나폴레옹의 부하들은 황제에 오를 것을 권유합니다. 이에 나폴레옹은 그것을 국민 투표로 결정하도록 합니다.

1804년 국민투표를 통해 12월 2일에 마침내 즉위식을 거행하여 프랑스 제국의 초대 황제인 나폴레옹 1세가 되었습니다. 프랑스가 루이 16세를 처형하고 공화정으로 전환된 지 10년 만의 일이었습니다.

나폴레옹이 황제가 된 것에 위협을 느낀 영국은 아미앵 평화 협정을 깨고 다시 프랑스와 전쟁 상태로 들어갑니다.

1805년, 나폴레옹이 이끄는 프랑스군은 영국 상륙을 위해 도버 해협을 접한 브로뉴에 대군을 집결시킵니다.

영국은 오스트리아와 러시아 등을 끌어들여 제3차 대프랑스 동맹을 결성합니다. 하지만 프랑스 육군은 10월 오스트리아군을 물리치고 빈을 점령합니다.

그리고 오스트리아를 구원하러 온 러시아의 알렉산드르 1세의 군대가 오스트리아의 프란츠 1세의 군대와 합류하여 나폴레옹을 공격합니다. 하지만 그들은 나폴레옹의 상대가 되지 못합니다.

나폴레옹은 이날 전투에서의 승리를 기념하기 위해 개선문을 세우도록 명령합니다. 이제 유럽에서 나폴레옹을 이길 나라는 없어 보였습니다.

"이제 영국만 이기면 유럽 전체를 지배할 수 있다."

나폴레옹은 영국을 공격하지만 1805년 10월 트라팔가르 해전에서 넬슨이 이끈 영국 해군에게 처참하게 패하고 맙니다. 프랑스로는 더 이상 영국을 이길 방법이 없었습니다.

"우리가 영국을 이길 수 없다면 스스로 걸어 나오게 하겠다."

나폴레옹은 모든 유럽 국가에게 영국과의 교역을 금지시켰습니다. 일명 '대륙 봉쇄령'을 내린 것입니다.

한편 프랑스가 독일에 대해 강한 영향력을 행사하자 프로이센이 1806년 영국·러시아·스웨덴과 더불어 제4차 대프랑스 동맹을 조직합니다.

하지만 나폴레옹은 10월 이에나 전투와 아웨르슈타트 전투에서 프로이센군을 물리치고 베를린에 입성하였습니다.

"러시아가 대륙봉쇄령을 어기고 영국과 무역을 하고 있습니다."

"뭐라고? 러시아 따위가!"

그렇지 않아도 영국 때문에 골치 아파하고 있던 나폴레옹은 이번 기회에 러시아를 정벌하려고 합니다.

"러시아로 진격!"

그러나 나폴레옹은 러시아에서 대참패를 당하고 맙니다.

프랑스가 러시아에서

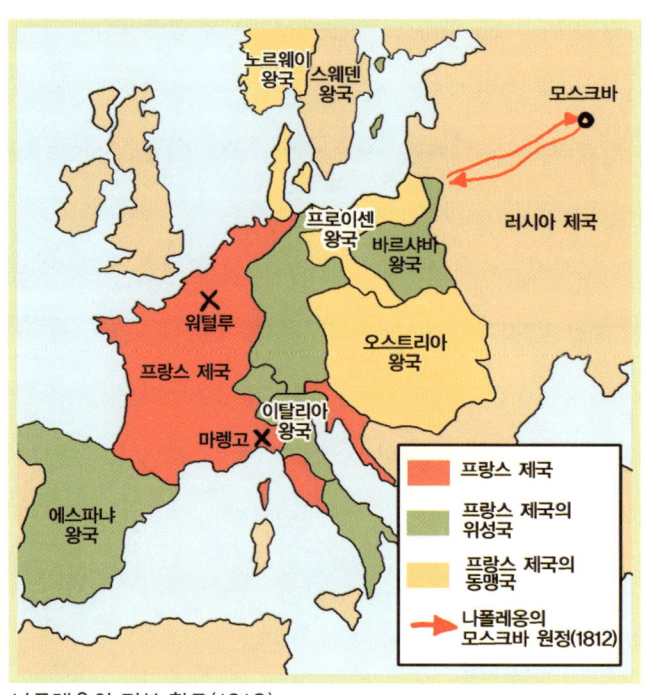

나폴레옹의 정복 활동(1810)

프로이센
프로이센은 1947년까지 독일 북부에 있었던 지역으로 프러시아라고도 합니다. 제2차 세계 대전 이후 해체되고 현재는 존재하지 않습니다.

다시 타오르는 세계 정복의 야망 **나폴레옹 전쟁**

대패를 하자 유럽 각국은 일제히 나폴레옹 향해 전쟁을 선포합니다. 처음에 나폴레옹은 유럽 국가들을 맞아 훌륭하게 싸우지만, 1813년 라이프치히 전투에서의 패배 이후 결정적으로 몰락하기 시작합니다.

결국 1813년 3월 31일에는 프랑스 제국의 수도 파리가 함락되고 나폴레옹은 지중해의 작은 섬인 엘바 섬으로 추방되고 맙니다.

"난 다시 돌아온다."

1815년 나폴레옹은 엘바 섬을 탈출하여 파리로 돌아옵니다.

나폴레옹은 파리 사람들의 환영을 받으며 다시 황제에 오르지만 워털루 전투에서 영국과 프로이센의 연합 공격에 패배하고, 백일천하는 끝이 나고 맙니다.

결국 나폴레옹은 남대서양 한가운데에 있는 세인트헬레나에 유배되어 1821년 5월 5일 사망하고 맙니다.

나폴레옹 시대의 프랑스는 혁명의 열기가 넘쳐흐르고 혁명 정신으로 가득 차 있었습니다. 비록 나폴레옹은 공화정을 없애고 황제의 자리에 올랐지만 많은 유럽 국가들과의 전쟁 과정에서 프랑스의 혁명 정신을 전 유럽으로 퍼트리게 합니다. 이 때문에 나폴레옹 이후 유럽 각국은 혁명의 열기 속으로 빠져 들게 됩니다.

전투명 : 러시아 원정
전투시기 : 1812년

"러시아로 출발한다."

나폴레옹은 대륙봉쇄령을 어긴 러시아를 정벌하기 위해 1812년 60만 대군을 이끌고 러시아로 떠납니다.

"우리가 영국을 좋아해서 무역을 한 게 아니라 살기 위해 한 것이다."

러시아는 프랑스에 자신들의 사정을 이야기했지만 나폴레옹의 생각을 바꿀 수 없었습니다.

"나폴레옹은 유럽을 벌벌 떨게 한 사람이오. 우리 러시아가 어떻게 하면 그를 막을 수 있겠소?"

러시아 황제 알렉산더 1세는 다급한 표정으로 신하들에게 질문을 했습니다.

"우리 러시아 병력은 모두 모아 봐야 10만 명 정도입니다. 나폴레옹의 60만 대군을 정면으로 공격해서는 이길 수 없습니다."

"그럼 이대로 나폴레옹에게 항복하란 말이냐?"

"우리 러시아는 나폴레옹보다 병력은 적지만 두 가지 비밀 무기를 가지고 있습니다."

"두 가지의 비밀 무기?"

"그렇습니다. 러시아의 넓은 땅과 혹독한 겨울이 그것입니다."

나폴레옹이 이끄는 프랑스 군대는 러시아군을 계속 격파하며 러시아의 수도 모스크바로 진격해 들어갑니다.

"불을 질러라. 프랑스군이 쓸 수 있는 건 모두 불태워라."

러시아군은 도시와 곡식에 불을 지르며 후퇴를 계속합니다.

"조금만 더 힘을 내! 모스크바가 바로 코앞이다. 모스크바만 점령하면 전쟁은 끝이 난다."

프랑스군은 9월 14일 모스크바를 점령할 수 있습니다. 그러나 모스크바를 점령하기만 하면 러시아가 항복할 것이라는 나폴레옹의 예상은 빗나가 버립니다. 알렉산더 1세는 모스크바까지 불태운 뒤 이미 도망가 버렸고, 러시아 군대만이 전쟁을 계속하고 있었습니다.

"으… 추워. 벌써 겨울이야."

러시아를 쉽게 이길 거라 생각하고 혹독한 겨울에 대한 준비를 하지 않았던 프랑스는 모스크바에서 철수할 수밖에 없었습니다.

"철수! 프랑스로 돌아간다."

"프랑스군이 철수한다. 지금 공격하라."

프랑스군이 러시아의 겨울을 견디지 못하고 후퇴하는 순간, 러시아군이 공격을 개시합니다. 심장까지 얼어붙는 러시아의 겨울 추위와 식량 부족으로 프랑스군은 제대로 싸워보지도 못하고 후퇴를 하고 맙니다.

러시아 원정 실패는 나폴레옹의 몰락을 알리는 신호탄이 되고 말았습니다.

 **전쟁 속 무기 이야기** –나폴레옹 군대의 비밀

나폴레옹 군대는 싸우면 이기는 무적의 군대였습니다. 이러한 승리에는 비밀이 숨겨져 있었죠. 당시 군대들은 탄약, 식량, 막사, 개인 물건 심지어 말의 사료까지 운반해야 했습니다. 당연히 행군 속도가 느릴 수밖에 없었습니다.

하지만 나폴레옹 군대는 식량을 현지에서 조달하고, 개인 물품도 줄였습니다. 게다가 무거운 막사는 얇은 휴대 천막으로 바꿔 버렸습니다. 그래서 병사들은 훨씬 가벼워진 물품만 들고 걸을 수 있었죠.

이런 방법으로 당시 전투에서 보통 1분에 70보를 걸은데 비해 프랑스군은 1분에 120보를 걸었기 때문에 기동력에서 앞설 수 있었습니다. 그 차이 덕분에 나폴레옹 군대는 항상 이길 수 있었습니다.

나폴레옹 군대가 유럽 국가들을 정복하기 시작했을 때 정복당한 국민들은 어떤 반응을 보였을까요? 나라를 빼앗겼기 때문에 무기를 들고 나폴레옹 군대에게 저항했을까요?

"나폴레옹 만세!"

"프랑스 군대 만세!"

나폴레옹 군대에게 정복당한 사람들은 프랑스 군대를 만세를 부르며 환영했습니다. 그들은 프랑스 혁명으로 왕과 귀족들은 몰아낸 프랑스를 진심으로 좋아했던 것입니다.

"우리도 프랑스 국민 못지않게 귀족들에게 모든 걸 빼앗기고 살아왔어."

"이제 우리도 프랑스처럼 귀족들의 횡포에서 벗어날 수 있어."

각 나라의 시민들은 한껏 기대에 부풀어 있었습니다. 하지만 현실은 그들이 생각하는 것과는 달랐습니다.

"이 식량은 전쟁에 필요한 것이니 우리가 가져가겠다."

"안 됩니다. 그걸 가져가면 우리는 굶어 죽습니다."

전쟁이 계속될수록 프랑스군은 해방군이 아닌 점령군으로 변해 갔습니다. 전쟁에 필요한 물자들을 점령한 나라에서 빼앗아 갔기 때문입니다.

"스페인에서 프랑스군이 시민을 학살했다."

프랑스에 대한 원망이 터져 나올 때쯤, 1808년 스페인을 점령한 나폴레옹은 스페인 국민들의 요구와는 상관없이 자신의 형인 조제프를 스페인의 호세 1세로 왕위에 앉혔습니다. 그러자 프랑스의 점령에 반대하는 스페인 사람들이 게릴라전으로 저항하기 시작합니다.

"저항하는 사람을 모두 죽여라."

결국 나폴레옹은 자신에게 저항하는 스페인 사람들은 모두 죽이는 학살을 벌이고 맙니다.

"이제 프랑스 혁명 정신은 사라졌다. 프랑스군은 그냥 침략자일 뿐이다."

점령당한 나라의 시민들은 결국 프랑스와 나폴레옹에게 등을 돌리고 저항을 하기 시작합니다.

만약 나폴레옹이 프랑스 혁명 정신을 점령한 나라에 그대로 펼쳤더라면 다른 나라 시민들의 지지를 계속 받을 수 있었을 겁니다. 나폴레옹이 프랑스 혁명 정신을 잃어버린 순간 그의 몰락도 같이 시작된 것이죠.

1801년 중국 백련교의 난 진압
1805년 영국인 피어슨이 중국에 종두법을 전함

맞수 대격돌   나폴레옹 대 웰링턴

　영국의 웰링턴 공작은 워털루 전투에서 나폴레옹을 이긴 영국 장군이었습니다.
　한편 1815년 엘바 섬을 탈출한 나폴레옹은 워털루 지방에서 영국, 프로이센 등의 연합군과 대치를 하게 됩니다.
　나폴레옹의 군대는 7만 2,000명 정도였고, 웰링턴 공작의 군대는 동맹군 약 6만 8,000명(영국·네덜란드·벨기에·독일 군대)과 게프하르트 레베레히트 폰 블뤼허의 프로이센군 약 4만 5,000명이었습니다.
　"영국군 사령관 웰링턴이 나를 이길 수 있다고 큰소리쳤다고? 그놈의 콧대를 꺾어 주겠다."
　곧 전투가 벌어지고, 나폴레옹 군대는 웰링턴의 군대를 거세게 몰아붙이기 시작합니다.
　"웰링턴 군대가 뒤로 물러나고 있다. 더 거세게 몰아 붙여라."
　나폴레옹은 전쟁의 천재답게 기회를 놓치지 않고 계속 웰링턴 군대를 세차게 공격합니다.
　"프로이센 부대가 밀리고 있습니다. 일단 물러난 후에 다시 공격하는 게 좋을 것 같습니다."
　"기다려라. 분명 우리에게 한 번의 기회가 온다. 차분히 기다리면서 버티면 이길 수 있다."
　웰링턴은 나폴레옹의 거센 공격을 받으면서도 후퇴하지 않고 꿋꿋하게 버티고 있었습니다.
　한편, 나폴레옹의 명령대로 프랑스군은 움직여 주지 못했습니다. 보병과 기병의 움직임이 서로 따로 놀고 있었죠. 급하게 병력을 만들어 온 후유증이 나타난 것입니다.
　"지금이다!"
　웰링턴은 나폴레옹 군대가 우왕좌왕하는 사이 화력을 집중해 공격을 개시합니다.
　제일 먼저 동쪽에서 프로이센군이 공격을 개시한 지 15분 만에 프랑스 근위대가 퇴각하기 시작합니다.
　"후퇴하지 마라. 전열을 가다듬어라."
　나폴레옹은 후퇴하는 부대를 수습하려 했지만 공포에 휩싸인 군인들을 막을 수가 없었습니다.
　"내… 내가 지고 말았구나."
　웰링턴 장군이 이끄는 연합군에게 진 나폴레옹은 황제 자리에서 두 번째로 쫓겨나고 맙니다.

나폴레옹을 위한 불후의 명곡, 교향곡 3번 '영웅'

14 떠오르는 태양 북부와 지는 별 남부의 혈전
미국 남북전쟁
1861년~1865년

영국으로부터 독립을 한 미국은 눈부신 발전을 거듭하고 있었습니다. 넓은 땅과 풍부한 자원을 바탕으로 새로운 땅을 개척해 영토를 넓히고 있었죠.

하지만 미국이 발전하면 할수록 문제가 생기기 시작합니다. 미국 남부와 북부가 서로 대립하기 시작한 것이죠.

"노예제를 폐지해야 한다."

갈등의 원인은 노예제도 때문이었습니다.

남부는 노예에게 일을 시켜 목화를 생산하는 플랜테이션(대규모 농장)이 발달해 있었고, 북부는 공장이 발달해 있었습니다.

"노예제도를 없애야만 흑인들을 공장 노동자로 쓸 수 있다."

북부는 노예제도를 폐지해서 노예로 일하고 있는 흑인들을 공장 노동자로 쓰고 싶어 했습니다.

"노예제도를 폐지하면 남부 경제는 망하고 만다. 만약 그런 일이 벌어지면 남부는 미국 연방에서 탈퇴하겠다."

남부는 결사적으로 노예제 폐지를 반대했습니다.

1861년 미국 대통령 선거에서 노예제 폐지를 주장하는 공화당의 에이브러햄 링컨이 당선됩니다.

결국 노예제 폐지를 주장하는 링컨을 못마땅하게 여긴 남부는 제퍼슨 데이비스 대통령을 중심으로 남부연합을 만들어 미국 연방에서 탈퇴하고 맙니다.

"이렇게 되면 전쟁 말고는 방법이 없어."

첫 전투는 1861년 4월 12일 사우스캐롤라이나 주 찰스턴에 있는 섬터 요새를 향해 남부연합 정부가 대포를 발사함으로써 시작됩니다.

남부와 북부는 모두 전쟁을 빨리 끝내고 싶어 했습니다. 그러나 7월 21일 남부연합의 수도인 버지니아 주 리치먼드를 공격하던 3만 명가량의 북군은 철벽장군 토머스 J.

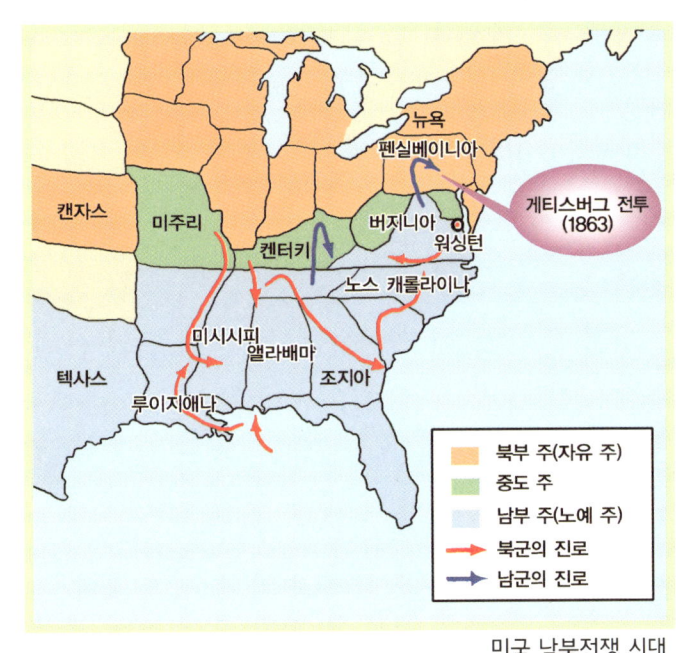

미국 남북전쟁 시대

에이브러햄 링컨
미국의 제16대 대통령으로 1861~65년 동안 재임했습니다. 남북 전쟁에서 북군을 지도하며 점진적인 노예 해방을 이룬 인물입니다. 게티즈버그에서 '국민에 의한 국민을 위한 국민의 정부'라는 불멸의 연설을 남기기도 했지요.

잭슨이 이끄는 남군에게 패배하면서 전쟁의 규모는 커지기 시작합니다.

이 패배에 충격을 받은 북부는 신병 50만 명을 더 소집하면서 군대를 키우기 시작합니다. 북부는 남부보다 경제가 더 발달해 있었고, 인구도 많았기 때문에 빨리 속도로 군대의 규모가 커집니다.

1862년 북부는 남부를 향한 첫 번째 대규모 원정공격을 시작합니다. 처음 공격에서 몇 번의 전투를 승리한 북부는 유리한 위치를 차지합니다. 하지만 남부에는 전설적인 장군 로버트 E. 리 장군이 있었습니다.

남부의 로버트 E. 리 장군과 그의 유능한 부하 잭슨, 그리고 J.E. 존슨턴은 매클렐런 장군의 군대를 맞아 눈부신 활약을 펼칩니다.

"후퇴하라! 후퇴!"

결국 매클렐런 장군의 북부군은 '7일 전투'에서 대패를 하고 후퇴하고 맙니다.

반면, 리 장군은 제2차 불런 전투를 통해 버지니아를 공격한 포프 장군의 북군을 버지니아 밖으로 몰아냅니다.

"남군에 리 장군이 있는 이상 쉽게 이길 수 없다. 뭔가 대책을 세워야 한다."

링컨 대통령은 다급히 북군 사령관을 번사이드에서 조지프 후커로 교체합니다. 하지만 후커 사령관도 리 장군의 신출귀몰한 작전 앞에서는 이길 수가 없었습니다. 그나마 북군의 새로운 장군 조지 G. 미드 장군이 게티즈버그 전투에서 겨우 리 장군을 물리쳐서 리 장군 부대를 버지니아로 후퇴시킬 수 있었습니다.

동부에서 북군이 리 장군에게 막혀 전전긍긍하고 있을 때 서부에서는 북군이 전세를 역전시킵니다. 혜성처럼 등장한 북군의 장군 그랜트 덕분이었습니다.

1863년 7월, 그랜트 장군이 이끄는 북군은 빅스버그 회전을 통해 미시시피 주의 빅스버그를 점령하고 미시시피에 남아 있던 몇 개의 남부요새도 점령해 버립니다다. 동부의 중요한 지역인 미시피 강이 완전히 북부 손에 넘어간 것입니다.

"남군에 리 장군이 있다면 북군에는 그랜트 장군이 있다. 그를 북군 총사령관으로 임명한다."

1864년 3월 링컨 대통령은 그랜트 장군을 북군 총사령관에 임명합니다.

"그랜트 장군, 어떻게 하면 남부 연합을 이기겠소?"

링컨 대통령의 질문에 그랜트 장군은 망설임 없이 대답합니다.

"천천히 싸우면 이깁니다."

"아니? 천천히 싸우다니. 그게 무슨 말이오?"

"병력과 물자가 넘쳐나기 때문에 천천히 싸워야 합니다. 왜냐하면 우리 북군은 시간이 지나면 지날수록 더 많은 병력과 물자가 생겨나지만, 남군은 시간이 지나면 더 어려워지게 되어 있습니다."

그랜트 장군은 자신의 뜻대로 병력과 물자를 더 모아서 압도적인 힘을 키워 남부 연합의 수도인 버지니아로 진격하기 시작합니다.

"리 장군과 그랜트 장군이 드디어 맞붙는다."

남군의 명장 리 장군과 북군의 명장 그랜트 장군이 맞붙은 피터즈버그 회전에서 북군은 어마어마한 사상자를 내고 맙니다.

하지만 그랜트 장군은 그저 담담했습니다.

"내가 원하는 건 전투의 승리가 아니다. 리 장군의 발을 묶어 두는 것이다."

그랜트 장군의 말에 부하 장군들은 의아한 표정을 지었습니다. 그러나 곧 그랜트 장군의 작전의 위력이 드러났습니다.

그랜트 장군이 피터즈버그 전방의 요새에 리 장군을 10개월 정도 묶어 두는 동안 다른 북군들이 속속 버지지아 수도 리치먼드를 향해 다가오고 있었습니다. 병력과 물자가 풍부한 북군만이 펼칠 수 있는 작전이었습니다.

1865년 3월 무렵 포위망 속에 갇혀 있는 남부의 리 장군 군대는 사상자와 탈주자 때문에 병력이 크게 줄어 있었고, 물자도 크게 부족했습니다.
　"자! 이제 때가 됐다. 진격하라."
　이날을 위해 그동안 참아 왔던 그랜트 장군은 마지막 공격 명령을 내립니다.
　그랜트 장군의 북군은 4월 1일 파이브포크스에서 마지막 진격을 개시하여, 4월 3일 리치먼드를 점령하고, 4월 9일 애퍼매턱스 코트하우스 근처에서 리 장군의 항복을 받아 냅니다. 또 다른 북군의 장군 셔먼은 북쪽으로 이동하여 노스캐롤라이나 주까지 들어가자, 4월 26일 남군의 장군 J.E. 존스턴은 항복을 하고 맙니다.

　이렇게 많은 희생을 치르고 끝난 남북전쟁은 무엇을 남겼을까요?
　그것은 미국 연방이 둘로 쪼개지지 않고 하나로 유지됐다는 점입니다. 만약 남북전쟁으로 미국이 둘로 나눠졌다면 지금처럼 강대국이 되지 못했을 겁니다.
　그리고 또 하나 중요한 것은 전쟁 중에 노예제가 폐지되어 노예들이 시민권을 가졌다는 점입니다. 이처럼 노예 해방은 미국의 독립 정신을 잘 표현해 준 사건이었습니다.
　남북전쟁을 끝낸 미국은 북부를 중심으로 급속히 공업화를 이루어 서서히 강대국으로 변해 갑니다.

떠오르는 태양 북부와 지는 별 남부의 혈전 미국 남북전쟁

전투명 : 빅스버그 회전
전투시기 : 1862년

　미국 미시시피 주 미시시피 강변에 위치한 빅스버그 시는 멤피스와 뉴올리언스 중간 지점에 있어 전략적으로 중요한 곳이었습니다. 만약 북군이 이곳을 손에 넣는다면 남부 연합은 둘로 쪼개지는 모양이 되기 때문이었습니다.

　"빅스버그를 무조건 지켜야 한다."

　1862년 봄에 남부 연합은 테네시 주의 포트 헨리 요새, 포트 도넬슨 요새, 뉴올리언스를 차례로 잃자 빅스버그을 꼭 지켜내야 했습니다.

　"철갑선을 미시시피 강에 띄워서 빅스버그를 포격한다."

　북군 장군 그랜트는 군함을 이용해서 빅스버그를 공격합니다. 그러나 철갑선이 한 달 동안 공격을 해도 빅스버그는 무너지지 않았습니다.

　"꽤 힘든 싸움이 되겠군."

　1862년 겨울 동안 그랜트 장군은 빅스버그를 돌파하지 못하였고, 그랜트 장군의 인기는 차츰 떨어지기 시작했습니다.

　"해군과 동시에 공격한다."

　그랜트 장군은 새로운 작전을 들고 나왔습니다. 해를 넘겨 1863년 4월 16일 미시시피 강 상류에 있던 함대 중 일부가 빅스버그 배치 포대를 돌파하는 순간 그랜트 장군은 강을 가로질러 남쪽 브루인스버그에서 그 배들과 합류했습니다.

　"드디어 강변 포대를 뚫었다."

　4월 29일 밤 그랜트 장군은 함대로 포대를 돌파하는 데 성공하고, 부대를 강 건너편 15km 아래에 배치하여 재빨리 이동해 5월 2일 깁슨 항을 점령해 버립니다.

"항구를 점령하면 남군의 지원이 올 수 없지."

남군 지원군이 들어올 항구를 재빠르게 점령한 그랜트 장군은 빅스버그를 포위합니다.

"무슨 희생을 치러서라도 빅스버그를 지키시오."

남부 연합의 대통령 제퍼슨 데이비드는 존 C. 펨버턴 장군을 시켜 어떤 희생을 치르더라도 빅스버그를 사수하라는 전문을 보냈지만 이미 전세는 기울어져 있었습니다.

"빅스버그를 지원하러 간다."

남군의 존스턴 장군이 지원군을 데리고 빅스버그로 갔으나 그랜트 장군에게 막혀서 오도 가도 못한 상황에 빠져 버립니다.

"항… 항복한다."

결국 7월 4일 남군 장군 펨버턴은 3만 명의 군사와 함께 그랜트 장군에게 항복을 할 수밖에 없었습니다.

이 전투에서 승리한 북군은 미시시피 강을 따라 남부 연합을 둘로 갈라놓는데 성공합니다. 그리고 무엇보다 중요한 것은 그랜트 장군이 북군 총사령관에 임명됨으로써 전쟁은 북부에 급격히 유리하게 변하게 되었다는 점입니다.

 전쟁 속 무기 이야기 –윈체스터 연발총

윈체스터 연발총 제조회사는 1857년 O.F. 윈체스터가 코네티컷 주 뉴헤이븐에서 만들었습니다. 미국에서 가장 많은 소총을 제조했으며. 1866년에 판매하기 시작한 모델 66과, 연발 소총의 일부를 개량해서 1873년에 제작한 모델 1873은 연발

총의 대명사처럼 사용되었고, 콜트 권총과 더불어 '서부를 정복한 총'이라는 별명을 얻습니다.

"전쟁 중에 노예 해방 선언을 하면 안 됩니다."

"왜 안된다는 거요?"

링컨 대통령이 노예 해방 선언을 하자 그의 참모들은 많은 반대를 했습니다.

"전쟁 중에 흑인 노예들이 해방되면 많은 혼란이 올 수 있습니다. 노예 해방을 하시려면 전쟁이 끝난 후에 해야 합니다."

"아니오. 내 생각은 다르오. 난 전쟁을 빨리 끝내려고 노예 해방 선언을 하는 것이오."

링컨 대통령의 뜻은 확고했습니다.

결국 1862년 9월 22일, 링컨 대통령은 노예 해방과 관련된 다음과 같은 내용의 선언문을 발표합니다.

1863년 1월 1일 이후부터 미국에 대해 반란 상태에 있는 여러 주의 노예를 전면 해방한다는 내용이었습니다.

"노예 해방이 선언됐다."

"링컨 대통령 만세! 북부 만세!"

노예 해방이 선언되자 북부 지역 미국인들과 흑인 노예들은 기뻐하며 환영했습니다.

"우리는 정의를 위해 싸우고 있어."

링컨 대통령은 노예 해방을 선언함으로써 북부 미국인과 군인들에게 전쟁의 명분을 줬습니다. 여태껏 남부 사람들은 노예제도의 찬성 여부와 상관없이 자기 고향을 지킨다는 명분으로 전쟁에 참가했지만, 북부 사람들에게는 침략자라는 꼬리표만 있었을 뿐입니다.

하지만 노예 해방 선언으로 북부 사람들은 도덕적 자신감이 생겼고, 정의의 편에 섰다는 명분이 생겼습니다.

미국 독립 전쟁 때 보여 줬던 자유와 인권 같은 열정을 가지게 된 것이죠.

만약 링컨 대통령이 전쟁 중에 노예 해방 선언을 하지 않았다면 미국 남북 전쟁은 쉽게 끝나지 않았을 겁니다.

1810년 중국의 아편금지령
1840년 중국 아편전쟁 발발

맞수 대격돌 리 장군 대 그랜트 장군

남군의 총사령관 리 장군과 북군의 총사령관 그랜트 장군은 미국 육관사관학교 동기생이었습니다. 리 장군이 수석 졸업을 하고 군대에서 출세를 하는 동안 그랜트 장군은 그렇지 못했죠.

그랜트 장군은 졸업 성적이 좋지 않아서, 그 당시 선망의 대상이던 기병 장교로서 좋은 곳으로 가지 못하고 변방인 서부 요새에 배치되었습니다. 결국, 그는 군대에서 견디지 못하고 제대하고 맙니다. 그 후 사업에 손댔다가 실패한 후 그저 그런 인생을 살게 됩니다.

"전쟁이 터졌다."

남북전쟁이 터지자 두 사람의 운명은 달라집니다.

링컨 대통령으로부터 파병 요청을 받은 일리노이 주지사는 그 지역에서 유일하게 육군사관학교를 나온 그랜트 장군에게 지휘권을 맡겼습니다. 반면 그랜트 장군과 대조적으로 군대에서 승승장구하던 리 장군은 남북 전쟁 초기에 링컨 대통령으로부터 북군 총사령관직을 제의받았지만 사랑하는 고향 버지니아를 택해 남군 총사령관이 되고 맙니다.

"항복하겠소."

운명의 장난처럼 리 장군은 그랜트 장군에게 항복을 하게 됩니다. 리 장군은 항복한 후 전쟁 범죄자로 사형당할 것을 예상했습니다.

"리 장군과 남군들을 고향에 돌려보내고, 굶주린 남군 병사들에게 식량을 공급해 줘라."

그랜트 장군은 정말 믿기지 않는 조건으로 항복을 받아들였습니다.

5년이 넘는 전쟁으로 모든 것을 잃고 적개심에 불타던 남부 전체에서 북군에 대한 원한이 사라지는 순간이었습니다.

리 장군은 전쟁이 끝난 뒤에 고향으로 돌아가 평생 동안 남부를 떠나지 않았지만, 딱 한 번 수도인 워싱턴을 찾았습니다. 그건 바로 그랜트 장군이 대통령으로 취임했을 때 축하하기 위해서였습니다.

민주주의를 부르짖다. 미국 16대 대통령 링컨

15 독일을 통일하라!
철혈재상 비스마르크의 보불전쟁
1870년~1871년

　프로이센은 발틱 해 남동부 해안에서 자리 잡은 나라로, 중세 때 폴란드 인과 독일인의 지배를 받았습니다.
　1701년부터는 독일 왕가인 호엔촐레른 가문이 베를린을 수도로 왕국을 세워 프로이센 지방과 브란덴부르크 지방을 다스리게 되었습니다.
　"신성로마제국의 영광을 재현하자."
　프로이센 왕국은 18, 19세기에 들어와 독일 북부 지역의 대부분과 폴란드 서부 지역을 차지하고 독일의 통일 전쟁에 나섭니다.
　"문제는 프랑스야. 프랑스."
　프로이센 재상 비스마르크는 독일 남부에 강한 영향력을 행사하고 있는 프랑스

비스마르크
오토 폰 비스마르크라고 하며, 독일을 통일하여 독일 제국을 건설한 프로이센의 외교관이자 정치인입니다. 독일을 통일하기 위해 전쟁을 강행하여 승리로 이끄는 철혈정책을 추진하여 '철혈재상'이라고 불립니다.

가 신경 쓰였습니다.

비스마르크는 남부 독일을 무력으로 합치고자 했지만, 러시아와 영국의 반대 때문에 도저히 할 수 없었습니다.

"프랑스가 벨기에와 룩셈부르크를 차지하려고 합니다."

프랑스의 갑작스런 행동을 보고 받은 비스마르크는 발 빠르게 움직입니다.

그는 런던 회의에서 룩셈부르크를 영세 중립 국가로 만들어 프랑스의 룩셈부르크 합병을 막아 버립니다.

하지만 아직 전쟁 준비가 충분하지 못하다고 느낀 비스마르크는 룩셈부르크에서 군대를 철수시켜 프랑스에 작은 외교적 승리를 안겨 주었습니다.

"우선 프랑스를 고립시킨 후 전쟁을 벌인다."

비스마르크는 전쟁에 앞서 외교전을 벌입니다. 영국은 라이벌 프랑스를 견제하기 위해서 프로이센이 필요하였고, 러시아는 비스마르크로부터 1856년 파리 회의에서 결정된 흑해의 비무장화 조약을 풀어주겠다는 약속 때문에 프로이센을 지지하고 있었습니다.

위기를 느낀 프랑스는 오스트리아에 동맹을 제의합니다. 하지만 오스트리아는 발칸 반도 문제를 프랑스가 도와주기를 원했지만 프랑스는 그것에 관심이 없었습니다. 오스트리아와 동맹이 어려워지자 마지막으로 이탈리아와 손을 잡으려고 합니다. 그러나 이탈리아는 로마 교황의 지위 문제로 프랑스와 다투고 있었습니다. 결국 프랑스는 외교적으로 고립되고 맙니다.

1868년, 스페인에서 혁명이 일어나 프랑스 부르봉 왕가는 쫓겨나고 맙니다.

"프로이센이 스페인 왕이 되어 주십시오."

스페인 혁명 지도자들은 프로이센 빌헬름 1세 국왕의 사촌인 레오폴드 공에게 왕위에 오를 것을 제안합니다. 이에 레오폴드 공은 프랑스를 자극하지 않기 위해 스페인의 제안을 거절하려 했지만, 비스마르크는 이것을 전쟁의 좋은 구실로 삼을 생각이었습니다.

"레오폴드 공이 스페인 왕이 되기로 결정했습니다."

빌헬름 1세는 반대했지만, 비스마르크는 1870년 6월 21일에 수락 발표를 해버립니다.

프랑스는 이에 반발하여 프로이센에 스페인 왕위 계승을 철회하라는 문서를 보냅니다. 이를 받아들인 빌헬름 1세는 7월 12일 비스마르크의 반대에도 불구하고 왕위 계승을 철회해 버립니다. 결국 레오폴드 공은 스페인의 왕이 되지 못했고, 스페인에서는 1871년 혁명가 아마데오 1세가 왕으로 선출됩니다.

"좋은 기회를 놓쳤군."

비스마르크는 다음 기회를 기다려야 했습니다. 그런데 그 기회는 생각보다 빨리 찾아 왔습니다.

1870년 7월 7일, 프랑스의 베네데티 대사가 빌헬름 1세를 찾아와 스페인에 이런 일이 두 번 다시 없어야 한다며 스페인 왕 철회를 서류로 써달라고 요구했습니다.

"이번에는 전쟁을 일으키지 않고 못 견딜 것이야."

비스마르크는 빌헬름 1세와 프랑스 대사 베네데티가 만난 내용을 왜곡시켜 영국 신문에 공개해 버립니다. 그 내용은 프랑스를 모욕하는 것이었습니다.

격분한 프랑스 나폴레옹 3세는 1870년 7월 14일 프로이센에 선전포고를 하게 됩니다. 하지만 처음부터 프랑스는 프로이센의 상대가 되지 못했습니다. 왜냐하면 프로이센은 프랑스와 전쟁을 하기 위해 철저히 준비를 했지만, 프랑스는 전혀 전쟁 준비가 되지 않았기 때문이죠.

"후퇴! 후퇴!"

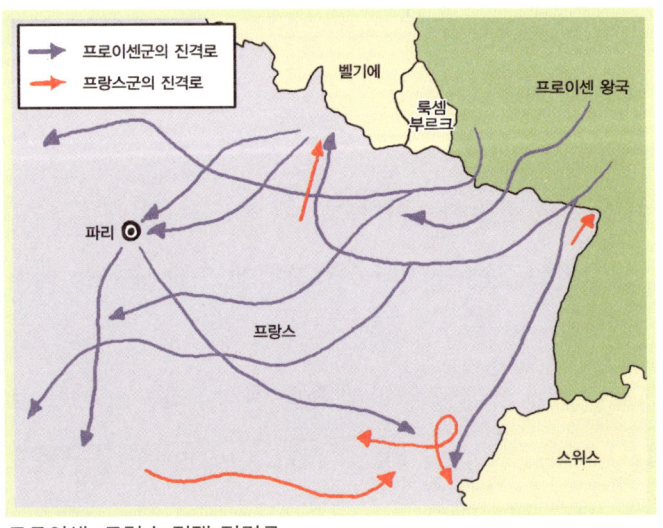
프로이센-프랑스 전쟁 진격로

프랑스군은 마르스 라투르 전투와 그라블로트 전투에서 참패하고 맙니다. 게다가 스당 전투에서 참패를 한 프랑스군은 나폴레옹 3세까지 포로로 잡혀 버리고 맙니다.

프랑스는 결국 항복을 하고 맙니다.

프랑스의 항복 소식이 파리에 전해지자 파리 시민들은 분노하기 시작합니다.
"절대 프로이센 놈들이 파리에 들어오는 걸 막아야 한다."
"프로이센에게 항복한 황제 놈부터 끌어내려야 한다."
파리 시민들 특히 노동자들이 중심이 되어 혁명을 일으켜 파리 코뮌을 세웁니다.
"파리를 진압해라."
"막아라."
"프랑스 만세."
파리 코뮌은 4개월 동안이나 시가전을 벌이며 프로이센에게 저항하지만 결국 프로이센군에 진압되고 맙니다.
"끝났군."
비스마르크는 프로이센군에게 파리에서 시가행진을 하게 합니다.
"독일제국 수립을 선포합니다."
그리고 1871년 1월 18일, 베르사유 궁전의 거울방에서 독일 제국의 수립을 선포합니다. 이는 프랑스 국민들에게 아주 굴욕적인 일이었습니다.

 프로이센은 보불전쟁을 통해 독일 제국으로 다시 태어납니다. 프로이센의 빌헬름 1세가 독일 제국의 황제가 되었으며, 비스마르크는 19년간 총리로서 제국을 통치하게 됩니다. 이제 독일은 프랑스를 대신해서 유럽 대륙의 중심 국가이자 외교의 중심이 됩니다.
 한편, 프랑스는 전쟁 후 제3공화국을 선포했고, 나폴레옹 3세는 물러납니다.

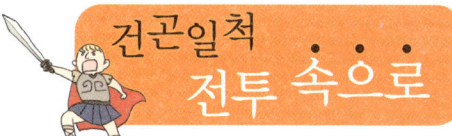 

전투명 : 스당 전투
전투시기 : 1870년

 "바쉴 바젠 장군의 군대를 구해야 한다."
 나폴레옹 3세와 프랑스 사령관 마크 마옹은 12만 대군을 이끌고 메스에 갇힌 프랑스군의 바쉴 바젠 장군을 구하기 위해 출발했습니다.
 "너희들이 그렇게 움직일 줄 알았다."
 프로이센 사령관 헬무트 폰 몰트케 장군은 이미 마크 마옹의 움직임을 예상하고 있었습니다.
 "뫼즈군은 북쪽으로 가서 프랑스군을 막으시오."
 헬무트 폰 몰트케는 새로 편성된 뫼즈군을 재빨리 북쪽으로 보내 마크 마옹의 앞길을 차단하게 합니다.
 "후퇴! 후퇴!"

뫼즈 강 연안에서 벌어진 프랑스군과 프로이센군의 전투에서 패한 마크 마옹과 나폴레옹 3세는 뫼즈 강 연안의 스당 요새로 후퇴하고 맙니다.

"사령관. 어떻게 하면 좋겠소? 일단 포위망이 더 강해지기 전에 어디라도 가야 할 것 아니오?"

"황제 폐하, 파리로 돌아가시지요."

"절대 안 되오. 메스에 있는 바쉴 바젠 장군이 우리를 애타게 기다리고 있소. 우리가 안 가면 그들은 전멸하오."

"하지만 더 이상 진격은 힘듭니다."

나폴레옹 3세와 마크 마옹이 어디로 가야 할지 결정을 못하는 사이 프로이센군이 스당 요새를 포위해 버립니다.

"이러고 있다가는 우리 프랑스군이 정말 전멸하고 만다. 포위망을 뚫고 나가야 한다. 기병대 돌격!"

위기감을 느낀 프랑스군은 대규모 기병대까지 동원해 포위망을 뚫으려고 안간힘을 썼으나, 수많은 사상자만 내고 아무 성과도 거두지 못했습니다.

"이제 우리가 공격한다. 포병대 발사!"

프로이센 포병대가 아침부터 내내 프랑스군 진지에 포격을 퍼붓기 시작하더니 총공격을 시작했습니다.

"폐하, 이러다가 모두 전멸하고 맙니다."

"항… 항복한다."

절망에 빠진 나폴레옹 3세는 결국 항복하고 맙니다.

결국 8만 3,000명에 달하는 프랑스군이 프로이센군에게 포로가 되고 맙니다. 이 날 전투로 프랑스는 제2제정이 무너지고 공화 정부를 세우게 됩니다.

전쟁 속 무기 이야기 –샤스포 소총

보불전쟁 당시 프랑스군이 썼던 소총입니다. 단발 소총이지만 총알을 앞에서 집어넣는 전장식이 아닌 노리쇠에 직접 집어넣는 후장식 방식의 초기 모델입니다.

후장식 소총의 발명은 보병들의 전투 모습을 완전히 바꾸어 놓습니다. 전장식은 병사들이 선 채로 장전을 해야 했지만, 후장식은 눕거나 숨어서도 총알을 장전할 수 있는 장점이 있었습니다. 후장식 소총의 등장으로 전투는 현대적인 모습으로 변해 갑니다.

역사에서 만약이란!

"결국 황제가 프랑스를 프로이센에게 팔았다."
"무능한 프랑스 정부는 필요 없다."
프랑스가 프로이센에 항복하자 파리에는 국민의회가 설치되고 프로이센과 끝까지 전쟁을 벌이기로 결정합니다.

"이건 반란이다."

정부군은 국민의회를 진압하려고 했지만, 군인들은 명령을 듣지 않습니다.

"시민들에게 총을 쏠 수 없다. 우리는 시민들 편에 서겠다."

군인들은 국민군(시민군)과 화해가 성립되어 '중앙위원회'를 결성하고 선거를 실시합니다.

"파리 코뮌이 프랑스를 이끌어 가겠다."

1871년 3월 28일에 코뮌의 성립을 선포하였고, 이후 5월 20일까지 파리를 자치적으로 통치하게 됩니다.

그들은 10시간의 노동과 제빵공의 야근 철폐, 종교와 정치의 분리 등 사회 개혁을 주장하는 개혁적인 정책들을 실행합니다. 또한 파리 코뮌이 존재하는 동안 시민들이 직접 질서를 유지하였습니다.

"반란군을 진압한다."

1871년 5월 21일 마크 마옹의 지휘 하에 정부군은 파리 코뮌을 진압하기 위해 파리로 진입합니다. 이에 프로이센, 오스트리아-헝가리 제국, 벨기에, 영국이 프랑스 정부군을 지원했습니다.

프로이센과의 전쟁에서는 힘 한번 못 쓴 프랑스군이지만 파리 시민들을 진압할 때는 아주 잔인했습니다.

"정부군이다. 막아라."

"돌격! 반란군을 진압해라."

국민군은 정부군과 치열한 시가전을 벌였지만 결국 잔인하게 진압되고 맙니다. 시내에 들이닥친 정부군 2만 명은 눈에 띄는 비무장 시민들에게 닥치는 대로 발포했습니다. 그 결과, 적게는 1만 명부터 많게는 5만 명이 넘는 시민들이 사망했습니다.

프랑스 정부는 파리 코뮌을 진압한 후, 연루된 시민 10만여 명을 체포하여 그 중 4만여 명을 군사재판에 넘겨 버립니다.

파리 코뮌은 비록 실패로 끝났지만 최초의 사회주의 혁명으로 평가받고 있습니다. 만약 그 때 파리 코뮌이 성공했다면 프랑스의 역사는 다른 방향으로 흘러갔을 것입니다.

하지만 프랑스 사회주의 운동은 파리 코뮌 진압 이후에도 계속 생명을 유지하여, 1981년에 프랑스 사회당의 프랑수아 미테랑 후보가 대통령으로 당선되기에 이릅니다.

1843년 인도의 노예제도 폐지
1851년 청나라에 태평천국의 난 발생
1863년 조선 고종 즉위
1868년 일본 메이지유신 시작
1870년 청나라에서 톈진사건 발생

맞수 대격돌 나폴레옹 3세 대 비스마르크

보불 전쟁에서 프로이센에게 진 프랑스 나폴레옹 3세는 망명지인 영국에서 과거를 회상하며 분통을 터트렸습니다.

"내가 비스마르크 그놈에게 속았다. 그 때 그 전보를 믿지 말았어야 했어."

비스마르크는 미처 전쟁 준비를 하지 못한 프랑스와 전쟁을 하기 위해 애를 썼습니다. 그러던 중 스페인 혁명 때문에 프랑스와 대립하게 됩니다.

"폐하, 폐하의 사촌 동생 레오폴드 공을 스페인 왕에 앉혀야 합니다."

비스마르크는 프로이센 왕 빌헬름 1세에게 레오폴드 공을 스페인 왕으로 임명해야 한다고 거듭 주장했습니다. 하지만 빌헬름 1세는 비스마르크의 요청을 계속 거절했습니다.

"프로이센이 언제 다시 스페인 왕 자리를 노릴지 모른다. 이후에 이런 일이 벌어지지 않도록 빌헬름 1세의 확답을 받아 와라."

나폴레옹 3세는 베를린 대사 베네데티를 보내 빌헬름 1세를 만나게 합니다.

"폐하는 지금 휴양지에 계십니다."

베네데티는 휴양지까지 찾아가 확답을 재촉합니다.

"감히 나를 협박하는 거냐? 당장 꺼져라."

빌헬름 1세는 이를 불쾌하게 생각하여 베네데티와 만나는 것을 거절합니다. 이러한 사정을 전보로 알게 된 비스마르크는 전문을 고치지 않고, 오히려 조작해서 영국 신문에 알려 버립니다.

비스마르크가 고친 전문에서는 정중함도 없이 서로가 상대를 모욕하는 말로 가득했습니다.

"감히 프랑스가 황제폐하를 모욕하다니!"

프로이센 국민들은 이 사실을 알고 분노하기 시작했습니다. 그리고 나폴레옹 3세도 역시 분노했습니다. 프랑스 국민들도 마찬가지였지요.

결국 프랑스는 전쟁 준비도 없이 프로이센과 전쟁을 결정하고 맙니다.

"비스마르크 그놈에게 당하고 말았어."

유럽의 강국 자리를 프로이센에게 빼앗긴 나폴레옹 3세에게 비스마르크는 넘을 수 없는 산이었습니다. 결국 나폴레옹 3세는 망명지 영국에서 쓸쓸한 생을 마감하고 맙니다.

프랑스와 독일 문화의 조화. 알자스 지방

16 참혹한 살육의 제국주의 시대
1차 세계 대전
1914년~1918년

"이러다가 전쟁이 터지는 것 아니야?"

20세기에 들어서자 유럽 사람들은 알 수 없는 불안감에 휩싸였습니다.

"경제를 발전시키려면 공장을 돌릴 수 있는 자원과 물건을 팔 시장이 필요하다."

1871년부터 유럽 국가들은 산업 생산에 열중하면서 서로 치열하게 경쟁을 하기 시작했습니다. 독일은 영국의 경제를 따라 잡아 세계의 경제를 주도하게 되었고, 프랑스는 독일과 경쟁자로 발돋움했죠.

당시 유럽은 민족주의 사상이 퍼져나가고 있었습니다. 프랑스 혁명 때부터 생기기 시작한 민족주의는 여러 가지 문제들을 일으키고 있었습니다.

1908년에 오스트리아-헝가리 제국은 보스니아-헤르체고비나 지역을 합병했습

> **민족주의**
> 민족주의는 민족을 기반에 둔 국가의 형성을 목표로 하고 이에 따라 국가를 유지·확대하는 활동을 합니다. 때로는 민족의 정체성을 우선시하여 타 민족을 배척하기도 했지요.

니다. 그곳은 보스니아의 범슬라브족 민족주의가 강한 지역이었습니다.

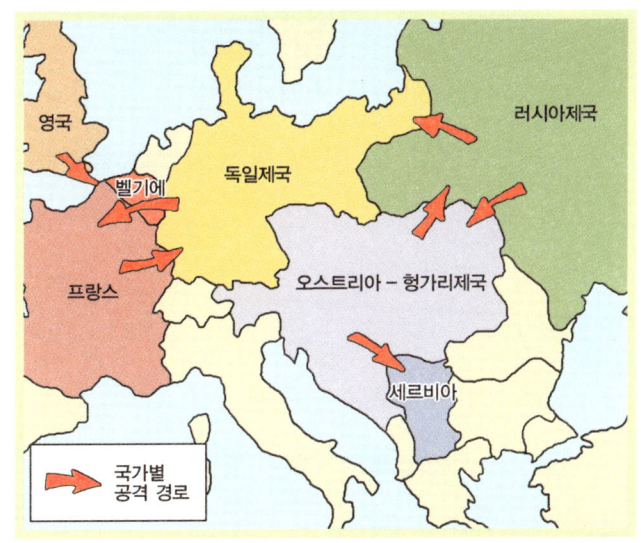

제1차 세계 대전 당시 유럽대륙

"오스트리아에 복수를 해야 한다."

1914년 6월 28일 슬라브 민족의 통일을 주장하던 세르비아 청년이 오스트리아 황태자 부부를 암살하는 사라예보 사건이 터집니다.

"감… 감히 황태자를 암살하다니! 당장 세르비아에게 선전포고를 해라!"

오스트리아는 7월 28일 세르비아에 선전포고를 했고, 제1차 세계 대전은 이렇게 시작되었습니다.

"쏴라!"

1914년 7월 29일 오스트리아-헝가리 제국군이 세르비아를 공격하기 시작했습니다.

"감히 범슬라브 족인 세르비아를 공격했다고!"

범스라브 족의 맏형 역할을 하면서 그 지역에 영향력을 행사하고 있던 러시아가 전쟁에 끼어들려고 했습니다.

그러자 오스트리아-헝가리 제국과 동맹을 맺고 있던 독일이 러시아에 군대 동원령을 취소하라고 요구합니다. 하지만 러시아는 이 요구를 거절합니다.

러시아가 전쟁을 결정하자 이에 맞서 독일 역시 나서게 되고, 러시아와 동맹을 맺은 프랑스도 전쟁에 끼어들게 됩니다.

"프랑스와 러시아를 동시에 상대하기에는 벅차다. 일단 프랑스부터 상대한다."

독일은 양쪽에서 동시에 전쟁을 벌이는 경우를 최대한 피하기 위해 독일군 최고 사령부를 즉각 프랑스 쪽으로 보내 병력을 이동시킵니다. 이 작전으로 러시아가 병력을 충분히 동원하기 전에 먼저 프랑스를 상대로 승리를 거둘 생각이었습니다.

"독일이 프랑스와 러시아에게 선전 포고를 했다고?"

섬나라 영국은 유럽 대륙에서 벌어진 전쟁에 참가해야 할지를 결정해야 했습니다. 이미 영국은 프랑스와 같이 독일과 싸우자고 약속을 해 놓은 상태였습니다.

"독일이 벨기에를 침공했습니다."

"뭐라고? 벨기에 항구들이 독일 손에 들어가면 우리에게 너무 불리하다."

영국은 독일에게 벨기에에서 철수하라고 요구했지만 독일은 그 요구를 거절합니다. 결국 영국은 8월 4일 독일에 선전포고를 합니다.

이제 전쟁은 걷잡을 수 없이 유럽 대륙 전체로 퍼져 나가기 시작했습니다.

"이번 기회에 러시아를 견제해야 한다."

처음에는 중립을 지키던 터키가 러시아를 견제하기 위해 독일 편을 들었습니다.

"터키가 독일 편을 든 이상 이탈리아를 끌어들여야 한다."

영국은 이탈리아에 5억 파운드의 돈을 빌려주면서 이탈리아를 끌어들입니다. 이제 전쟁은 전 유럽을 넘어 세계 전쟁으로 커지고 있었습니다.

"슐리펜 계획에 따라 움직인다."

독일군은 육군참모총장 A.G. 슐리펜이 만들어 놓은 프랑스 공격 작전대로 움직이기 시작합니다. 처음 이 작전은 거의 성공할 뻔했습니다.

독일군이 우선 벨기에를 점령한 후 프랑스로 밀고 들어오는 작전으로, 아무도 예상치 못했기 때문입니다.

"이런, 속았다."

독일군 주력부대가 알자스-로렌으로 쳐내려 올 것이라고 확신하고 있던 프랑스군은 벨기에 쪽을 신경 못 쓰고 있다가 독일군에게 당하고 말았습니다. 벨기에가 뚫리자 프랑스로 가는 길이 열렸습니다.

"마른 강에서 독일군을 막지 못하면 파리가 점령당한다."

프랑스군은 있는 힘을 다해 마른 강에서 독일군을 막아냅니다. 치열한 전투가 계속된 끝에 프랑스와 영국 연합군은 독일군의 공격을 막아낼 수 있었습니다.

마른 강 전투의 패배로 짧은 시간에 전쟁을 끝내려는 독일의 계획이 무산되어 버립니다. 이제부터 전쟁은 악몽 같은 참호전으로 변하기 시작하죠.

"땅을 파서 참호를 만들고 철조망을 설치하라. 한 발짝도 물러서지 마라!"

철조망이 쳐진 길고 긴 참호를 뚫기 위해 양쪽 병사들은 돌격하다 죽어가기 시작했습니다.

한편 러시아와 싸우는 동부전선에서 독일은 결정적인 승리를 거둡니다. 러시아의 총 병력 130만에 이르는 7개 군은 엄청난 타격을 입고 말았죠.

독일에 비해 산업화가 느리고 후진적이었던 러시아는 전쟁이 진행될수록 견딜 수 없는 고통에 시달립니다.

"혁명이다! 볼셰비키 혁명이 일어났다."

결국 견디다 못한 러시아 국민들이 1917년 10월, 혁명을 일으켜 러시아 차르 정권을 무너뜨리고 소비에트 연방, 즉 소련을 세웁니다.

"우리는 더 이상 전쟁을 원하지 않는다."

러시아는 독일과 브레스트리토프스크에서 평화조약을 맺고 전쟁을 끝냅니다.

다른 쪽에서는 중립국인 미국이 영국에 전쟁 물자를 보급하고 있었습니다.

"무차별 잠수함 작전을 펼쳐라."

독일은 영국으로 가는 전쟁 물자를 막기 위해 바다에 떠 있는 배를 잠수함으로 무차별하게 침몰시켰습니다. 이 작전은 미국에 큰 피해를 입혔죠.

"이건 미국에 대한 선전포고다. 우리도 독일을 상대로 싸운다."

1917년 4월 미국은 독일에 선전포고를 하고 전쟁에 참가합니다.

독일은 1918년 서부전선에서 병력을 집중하여 총공세를 펼치지만 영국, 프랑스, 미국의 연합군에 의해 막히고 맙니다. 이 공격의 실패로 독일은 더 이상 전쟁을 계속할 수 있는 힘을 잃어버리고 맙니다.

"항복하겠소."

그리고 9월 30일 불가리아, 10월 27일 오스트리아, 10월 30일에는 터키 등의 독일 동맹국이 잇달아 연합군에 항복하고 맙니다.

"더 이상 못 참겠다. 황제를 갈아 치우자."

전쟁을 견디지 못한 독일 군인들은 11월 3일 폭동을 일으킵니다. 이 사건을 계기로 독일제국은 붕괴되고, 11월 11일 연합국과의 휴전협정을 맺게 됩니다.

이로써 5년 동안 계속되던 제1차 세계 대전은 끝을 맺습니다. 전쟁은 끝이 났지만 피해는 너무나 컸습니다. 양쪽에서 약 9백만 명의 전사자가 생긴 것입니다.

무엇보다도 1차 세계 대전의 결과 국제 질서에 많은 변화가 생깁니다. 그것은 연합군이 패전국과 맺은 일련의 조약으로, 미국이 제안한 '베르사유 체제'가 만들어지게 됩니다.

그리고 '각 민족의 운명은 스스로 결정해야 한다.' 라는 민족자결주의 원칙에 따라 헝가리, 체코슬로바키아, 유고슬라비아, 폴란드 등 새로운 독립 국가들이 생겨납니다. 우리나라의 3.1 운동 역시 민족자결주의에 자극을 받아 일어나게 된 것입니다.

또한 국제 협력과 세계 평화 정착을 위해 국제 연맹이 창설되지만 그 힘이 약해서 제 역할을 하지 못합니다.

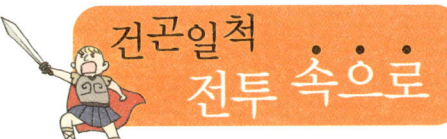 

전투명 : 탄네베르그 전투
전투시기 : 1914년

독일은 1914년 8월 1일에 러시아, 8월 3일에는 프랑스에게 선전포고를 하였습니다. 독일은 미리 계획했던 전략에 따라 러시아 쪽 전선에는 1개 군만 남기고 나머지 모든 군대를 재빨리 서부 전선으로 이동시켰습니다.

"러시아 쪽 병력이 너무 적습니다."

"걱정 마라. 러시아는 아직 병력 동원이 다 끝나지 않았다. 모든 병력을 프랑스가 있는 서부 전선에 투입해야 한다."

하지만 독일의 예상보다 훨씬 빨리 러시아는 2개 군을 동원하여 독일을 공격하였습니다.

"이런 러시아군을 막지 못하면 큰일 난다."

러시아군 부대가 국경을 넘어 동부 프러시아로 들어온 것은 군대 동원 후 불과 8일 만인 8월 7일이었습니다.

러시아군은 두 갈래로 공격했습니다. 파벨 칼로비치 레넨캄프 장군 휘하의 1개 군은 안게라프 강 동쪽으로 프러시아 국경을 넘었고, 알렉산드 바실리예비치 삼소노프 장군 휘하의 러시아군은 그보다 훨씬 남쪽에서 국경을 넘었습니다.
"거대한 가위처럼 양쪽에서 프로이센의 수도 쾨니히스베르크를 공격한다."
러시아의 계획은 거창했습니다.
"쾨니히스베르크로 후퇴한다."
겁 많은 독일군 사령관 막스 폰 프리트비츠는 러시아군에 겁을 먹고 후퇴를 결정하려 했습니다.
"안 됩니다. 절대 후퇴하면 안 됩니다."
그러나 유능한 작전 장교 막스 호프만 중령은 장군의 행동을 막았습니다. 결국 막스 폰 프리트비츠는 해임되고 명장 파울 폰 힌덴부르크 장군이 새로 임명되었습니다.
"일단 모든 병력으로 남쪽에 있는 삼소노프군을 공격한다."
독일군은 삼소노프군을 공격하기로 결정했습니다. 그런데 무슨 까닭인지 독일군이 삼소노프군을 공격하기 위해 전쟁 준비를 하는 동안 러시아의 레넨캄프 군대는 3일 동안 꼼짝도 않고 있었습니다.
"멍청한 놈들. 지금 이때 우릴 공격했으면 우리가 졌을 텐데."

위기를 넘긴 독일군은 모든 병력을 동원해서 삼소노프군을 공격해 대승을 거둡니다.
이리하여 10만 명 가까운 러시아군이 포로가 되고, 삼소노프는 자살하고 맙니다.
"서부전선에서 증원군이 왔습니다."
1주일 뒤 서부전선으로부터 독일을

지원하기 위한 중원군이 도착하자 그 병력까지 합쳐 독일군은 레넨캄프의 러시아군을 국경 밖으로 몰아내 버립니다. 이 전투를 끝으로 러시아는 더 이상 동부전선에서 독일군을 이길 수 없게 됩니다.

전쟁 초반 러시아군은 독일군을 이길 수 있었지만 그 기회를 놓치게 되죠. 그 결과, 전쟁은 지루한 참호전으로 변해 가게 됩니다.

 전쟁 속 무기 이야기 –맥심 기관총, 영국 마크원(Mark-1)

맥심 기관총은 1883년 하이럼 맥심이 개발한 기관총으로 급탄 방식을 이용하여 1분에 600발 정도를 발사할 수 있었습니다. 1860년대 J. 개틀링이 만든 개틀링 건에 이은 근대식 기관총이었죠. 세계 최초의 완전 자동식 기관총인 맥심 기관총은 전 세계로 팔려 나갑니다.

하지만 맥심 기관총은 제1차 세계 대전의 참호전에서 돌격해 오는 병사를 막는 역할을 하여 수많은 병사들이 희생당하기도 했죠.

세계 최초의 탱크는 1916년 프랑스의 솜므 전투에서 처음 등장한 영국 마크원(Mark-1)입니다. 여기서 탱크란 이름은 1차 대전 당시 영국군의 신병기였던 전차의 암호명에서 유래되었지요. 맥심 기관총과 철조망 때문에 앞으로 전진할 수 없었던 영국군은 탱크를 이용해서 참호전을 벗어나려고 했습니다.

이것이 처음 등장할 때는 강철로 된 육중한 모습과 굉음 때문에 독일군들을 놀라게 했지만 시속 4마일밖에 되지 않는 속도 때문에 큰 위력은 발휘하지 못합니다. 그러나 영국 마크원의 후계자들은 제2차 세계 대전 때 그 중심에 서게 되죠.

1914년에 시작된 1차 세계 대전은 처음의 예상과 달리 지루하고 소모적인 참호전이 계속되고 있었습니다.

한 뼘의 땅을 빼앗기 위해 수만 명의 군인들이 기관총에 쓰러져 가는 참호전은 독일이나 프랑스, 영국에게도 고통이었습니다.

"서부전선의 참호전을 끝내려면 영국이 프랑스를 지원 못 하게 해야 합니다."

"영국을 견제하려면 영국 해군을 이겨야 하는데 우리 독일은 해군이 약하지 않느냐."

"우리에게는 잠수함이 있습니다. 영국 해군을 상대하는 게 아니고 영국으로 물자를 싣고 가는 배를 공격하는 겁니다."

"영국으로 물자를 싣고 가는 배를 공격한다고?"

"그렇습니다. 무제한 잠수함 작전을 펼치는 겁니다."

독일은 영국을 견제할 목적으로 1915년 초부터 잠수함으로 영국에 들어가는 모든 배를 공격하기 시작했습니다.

보통은 중립국 배에 대해서는 공격을 하지 않는 게 원칙이었습니다. 그래서 영국은 중립국인 미국을 통해 많은 전쟁 물자들을 영국으로 가져오고 있었습니다.

"배가 어뢰에 맞았다."

"배가 침몰한다."

독일 정부는 유럽 여러 나라와 미국 선박들을 무차별하게 잠수함으로 공격하기 시작합니다.

"감히 독일이 우리 배를 침몰시키다니."

"이건 우리 미국에 대한 선전포고나 다름없어."

"우리도 독일에게 선전포고를 하고 싸워야 한다."

독일은 무제한 잠수함 작전으로 영국을 항복시킬 수 있을 거라고 생각했지만, 오히려 미국의 국내 여론을 악화시켜 미국이 참전하는 계기를 만들어 버립니다. 게다가 물자를 운반하기 위한 배들을 한꺼번에 움직이게 하는 호송선단 방식이 만들어진 후에는 무제한 잠수함 작전도 효과가 크게 떨어지고 맙니다.

독일뿐만 아니라 전쟁 상대국인 영국과 프랑스 모두 서부전선에서 지칠 대로 지쳐 있었기 때문에 시간이 더 지나면 휴전 협정을 논의할 수도 있었습니다. 하지만 미국이 전쟁에 참가함으로써 독일은 전쟁에서 패하게 된 것입니다.

1910년 조선이 일본에 병합됨. 한일합방
1911년 중국 신해혁명
1912년 중화민국 성립
1914년 일본이 독일에 선전포고를 함(제1차 세계 대전 직전)
1919년 한국 3.1 운동 일어나고, 중국 5.4 운동이 일어남

맞수 대격돌
포슈 원수 대 에리히 루덴도르프 장군

"이제부터 인내력 싸움이다."

연합군 총사령관이 된 포슈 원수는 병사들을 바라보며 말을 했습니다. 독일의 총사령관 에리히 루덴도르프는 저돌적인 사람으로 곧 총공격을 지시할 것이라고 예상했기 때문입니다.

"우리는 미국이 올 때까지 버티는 게 목적입니다."

연합군은 독일과 전쟁에서 이기려면 미국 군대가 유럽에 도착할 때까지 현재의 전선을 유지하고 있어야 했습니다.

한편 에리히 루덴도르프는 항상 자신감과 신념에 가득 차 있는 사람이었습니다. 하지만 자신이 결정한 무제한 잠수함 작전 때문에 미국이 전쟁에 참가하자 곤란한 상황에 빠져 있었습니다.

"미국이 참전하기 전에 서부전선을 뚫어야 한다."

에리히 루덴도르프는 1918년 3월 2일 미국이 상륙하기 전에 영국군과 프랑스군을 물리치기 위해 서부 전선에서 총공격을 시작합니다.

"공격! 공격하라."

"막아야 한다. 무슨 일이 있어도 후퇴란 없다."

포슈 원수는 독일군의 공격에 죽어가는 병사들을 바라보며 가슴이 아파 왔습니다. 하지만 지금은 극한의 인내력이 필요한 시기였습니다. 얼마 되지 않는 비축 물자까지도 아껴 가면서 그는 기다리고 또 기다렸습니다.

"연합군이 꿈쩍도 하지 않고 있습니다."

"그놈들도 이미 한계에 와 있다. 조금만 더 밀어붙이면 된다."

에리히 루덴도르프는 마지막 힘까지 다해서 연합군을 공격했지만 그 결과는 실패였습니다.

그가 실패한 이유는 단 하나, 독일군의 힘을 너무 높게 평가했다는 것이었습니다. 이미 독일군은 전쟁 초기의 용맹하던 독일군이 아니었죠. 반면 연합군 총사령관 포슈 원수는 자신이 가진 힘을 정확히 알고 그에 대비했기 때문에 전쟁에서 승리할 수 있었습니다.

결국 포슈 원수에게 진 에리히 루덴도르프 사령관은 1918년 가을, 불리한 조건으로 휴전 협정을 하게 됩니다.

전장에서 하나 되다. 크리스마스의 기적

17 세계 최대 비극의 전쟁사
2차 세계 대전
1939년~1945년

제1차 세계 대전이 끝나고 전 세계는 다시 평화를 찾는 듯했습니다. 하지만 서구 유럽을 지탱하고 있는 경제는 그렇지 못했습니다.

1933년 세계 경제는 주식이 대폭락하고 회사가 망하는 등 대공황에 빠져 들고 맙니다. 각 나라들은 어려워진 경제 사정 때문에 모두 힘들어 하고 있었죠.

당시 독일도 세계 대공황 때문에 경제적으로 혼란을 겪고 있었습니다. 게다가 1차 세계 대전에서 패한 후 베르사유 체제가 등장함에 따라 독일은 거액의 배상금과 함께 군대도 가질 수 없었습니다.

"독일은 독일답게 위대한 제국을 만들어야 합니다."

히틀러가 이끄는 나치당은 선거에서 돌풍을 일으키며 독일을 장악합니다.

> **히틀러**
> 독일의 정치가이자 독재자인 아돌프 히틀러는 게르만 민족주의를 내세워 유태인과 기타 소수민족을 학살하고, 제2차 세계 대전을 일으킨 인물입니다.

"우리는 국제 연맹에서 탈퇴한다."

1933년 10월, 제네바 군축회의 결과에 불만을 품은 독일은 국제 연맹을 탈퇴합니다.

"더 이상 독일은 다른 나라의 눈치를 살피지 않겠다. 위대한 독일제국은 스스로 무장을 하고 군대를 가질 권리가 있다."

급기야 히틀러는 1935년 3월에 독일의 재무장을 선포하고 맙니다. 그는 무기를 만드는 군수산업을 육성해서 대공황을 벗어나려고 했던 겁니다.

"독일이 다시 군대를 기르기 시작했다."

독일의 재무장 소식이 전해지자 유럽에 다시 전쟁의 기운이 퍼지기 시작합니다.

1939년 9월 1일 독일이 폴란드를 전격전으로 탈환하여 제2차 세계 대전이 시작됩니다.

영국과 프랑스는 9월 3일 독일을 상대로 선전포고를 합니다. 그러나 영국과 프랑스는 독일의 정확한 의도를 판단하려고 적극적으로 대처를 못합니다. 이 시간을 이용해서 독일은 세력을 넓혀 갑니다.

"마지노선을 공격하

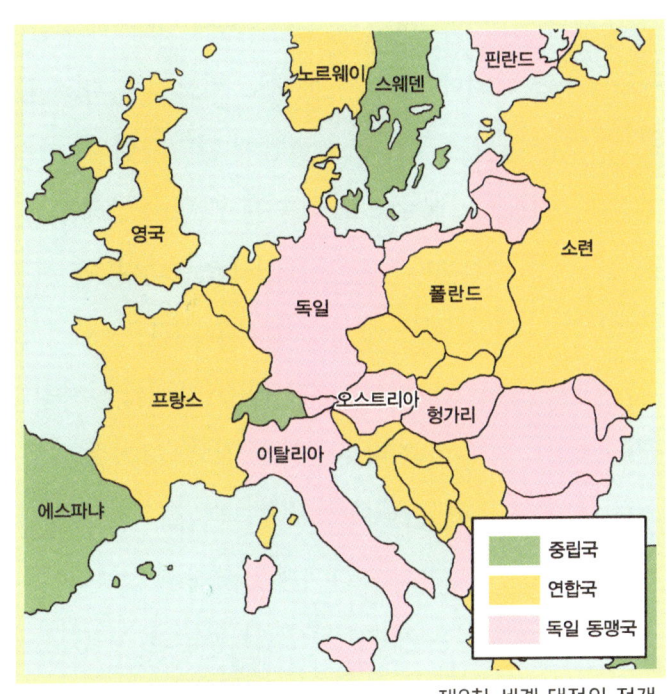

제2차 세계 대전의 전개

지 않고 돌아간다."

당시 프랑스는 독일의 공격을 막기 위해 독일과 국경지대에 마지노선이라는 요새를 만들어 놨습니다. 프랑스는 마지노선을 믿고 있었죠.

"독일이 벨기에 아르덴 숲 쪽으로 진격해 들어오고 있습니다."

보고를 받은 프랑스군과 영국군은 놀라지 않을 수가 없었습니다. 아르덴은 긴 숲으로 이루어진 지형이라 마지노선이 설치되어 있지 않은 곳이었습니다. 독일의 작전에 보기 좋게 당하고 만 것입니다.

프랑스와 영국은 예상치도 못한 기습에 제대로 싸워 보지도 못하고 후퇴를 거듭합니다.

결국 6월 14일 독일군이 파리에 입성하고, 6월 22일에 프랑스가 독일에 항복하고 맙니다.

"이제 영국만 항복하면 유럽을 모두 손아귀에 넣을 수 있다."

프랑스가 독일에 힘 한번 제대로 써보지 못하고 항복하자 유럽에서 독일을 막을 수 있는 나라는 영국과 소련밖에 없었습니다. 하지만 영국은 동맹국 프랑스와 함께 싸우다 겨우 본국으로 철수한 후 힘이 약해졌고, 소련은 독일과 서로 싸우지 않겠다는 불가침조약이 맺어진 상태였습니다.

"영국이 항복할 때까지 계속 폭격을 해라."

히틀러는 마음 같아서는 배를 타고 영국에 상륙하고 싶었지만, 유럽 최강의 해군을 자랑하는 영국을 바다에서 이길 수 없었습니다. 그래서 생각한 방법이 비행기를 통한 폭격이었습니다.

"우리 영국은 절대 히틀러에게 굴복하지 않는다!"

영국 수상 처칠은 계속되는 독일 공군의 폭격에도 인내심을 가지며 버팁니다. 하지만 영국이 혼자서 상대하기에 히틀러의 독일은 너무 강했습니다.

"미국만 전쟁에 참가하면 독일을 이길 수 있어."

처칠은 중립을 선언한 미국을 전쟁에 끌어들이기 위해 애를 쓰고 있었습니다. 미국의 루스벨트 대통령은 영국을 경제적으로 도와주고 있었지만 군사적 도움은 주지 않고 있었습니다.

"1년 안에 미국은 이 전쟁에 참가할 것이다."

히틀러는 참모들을 바라보며 단호하게 예언했습니다.

"그럼 일이 커지기 전에 영국을 굴복시켜야 하지 않습니까?"

"영국을 비행기로 폭격하는 작전은 실패로 돌아갔다. 미국과 영국에 맞서 싸우려면 러시아를 굴복시켜서 소련의 넓은 땅과 엄청난 자원들을 차지해야 한다."

독일 장군들은 히틀러의 무모한 계획을 반대했지만, 그는 결국 1941년 6월 22일 300만 명을 동원하여 소련을 공격합니다.

"뭐라고? 히틀러가 우리를 공격했다고?"

소련의 독재자 스탈린은 독일이 언젠가는 협정을 깨고 공격할 것이라고 예상하고 있었지만 그날이 이렇게 빨리 올 줄은 몰랐습니다.

"모스크바를 함락하라."

아직 전쟁 준비가 덜 된 소련은 수없이 밀려드는 독일군을 이길 수 없었습니다. 결국 소련군은 제대로 싸움 한번 못 해보고 후퇴하기만 했습니다. 심지어 수십만 명의 소련군이 독일에 포로로 잡히기까지 했습니다.

"이대로 가면 소련은 우리 것이 된다."

그러나 나폴레옹이 러시아 원정을 떠났을 때 그랬듯이 소련은 넓은 나라였습니다. 히틀러는 6개월 안에 모스크바를 점령해서 전쟁을 끝내고 싶었지만 계획은 뜻대로 되지 않았습니다.

독일군이 모스크바 바로 앞까지 진격했을 때 러시아의 겨울이 찾아옵니다. 그해 겨울은 몇십 년 만에 가장 혹독했습니다.

"겨울이 온다. 러시아의 겨울이다!"

"지금이다. 독일군을 우리 땅에서 몰아내자."

소련군은 때를 놓치지 않고 독일군을 공격합니다. 독일군은 혹독한 겨울과 싸우면서 결국 후퇴를 하게 됩니다.

"미국이 전쟁에 뛰어 들었습니다."

과연 히틀러의 예언대로 미국이 본격적으로 전쟁에 개입하기 시작했습니다. 1941년 12월 7일 일본이 미국 진주만을 기습 공격한 사건이 계기가 되었죠.

한편 히틀러는 소련에 대한 집착을 버리지 못했습니다. 그는 군대를 동원하여 1942년 8월 소련 남부에 있는 공업 도시 스탈린그라드를 공격합니다. 하지만 이 공격으로 독일은 패배합니다.

1943년 1월에 독일 제6군이 스탈린그라드에서 소련군에 항복하면서 독일은 소련에서 대대적으로 후퇴를 하기 시작합니다.

"독일군을 추격하라!"

이제 독일군이 진격했던 그 길을 따라 소련군이 반대로 독일군을 추격하기 시작합니다.

"이탈리아가 항복했습니다."

그리고 1943년 9월 독일의 동맹국이었던 이탈리아가 연합군에 항복합니다.

"노르망디에 연합군이 상륙했습니다."

급기야 미국과 영국이 주축이 된 연합군이 1944년 6월 6일 역사상 최대의 상륙작전인 노르망디 상륙작전이 성공합니다.

"틀렸습니다. 이제 항복해야 합니다."

"닥쳐라. 우리 독일은 절대 항복하지 않는다."

이제는 미치광이가 된 히틀러는 전쟁을 포기하지 않았습니다.

"베를린이 함락되었다!"

결국 소련군에 의해 독일의 베를린이 함락되고, 1945년 5월 7일 독일은 연합군에 항복을 하게 되죠. 그리고 독일을 전쟁을 소용돌이로 몰아넣었던 히틀러는 자살을 하고 맙니다.

독일의 항복으로 끝난 제2차 세계 대전은 인류에게 커다란 상처를 주었습니다. 유대인을 싫어했던 히틀러는 수백만의 유대인들을 학살합니다. 또한 2차 세계 대전을 통해 소련은 미국과 어깨를 나란히 할 수 있는 강대국으로 성장합니다.

민주주의를 대표하는 미국과 공산주의를 대표하는 소련은 이후 서로 대립하면서 냉전을 벌이게 됩니다.

전투명 : 노르망디 상륙작전
전투시기 : 1944년

"영국과 미국은 왜 가만히 있는 거요?"

소련의 스탈린은 1943년 테헤란 회담에서 처칠과 루스벨트에게 불만을 터트렸습니다. 소련은 독일과 나라의 운명을 건 싸움을 하고 있는데 미국과 영국은 꿈쩍도 하지 않고 있었기 때문입니다.

"기다리시오. 우리는 바다를 건너 프랑스에 상륙해야 하오. 그만큼 준비가 많이 필요한 것이오."

"그 말은 지금까지 듣고 있었소. 구체적으로 날짜를 말해 주시오."

"늦어도 1944년 5월 1일까지 북프랑스에 상륙을 하겠소."

스탈린의 요구에 처칠은 구체적인 날짜까지 약속해 줍니다.

드디어 연합군은 아이젠하워 장군을 총사령관으로 임명하여 상륙작전을 준비합니다.

"결전의 날이 다가왔다."

1944년 6월 6일 아이젠하워 사령관의 총지휘하에 미국 제1군, 영국 제2군, 캐나다 제1군 등을 주축으로 하는 연합군이 북프랑스의 노르망디에 상륙작전을 실시합니다.

상륙 당일, 수송기 2,316대와 많은 글라이더를 동원하여 공수부대를 독일군 배후에 투하시켜 거점을 확보했습니다. 그리고 그 엄호 아래 항공기 총 1만 3000대와 함선 6000척을 동원하여 7개 사단을 상륙시킵니다.

"연합군이 노르망디에 상륙했다고?"

보고를 받은 히틀러는 깜짝 놀랍니다. 독일은 언젠가 연합군의 상륙작전이 있을 것임을 예상하고 미리 프랑스 해변을 요새화해 놨습니다. 그러나 노르망디는 그 중에서 방어가 허술한 곳이었습니다.

한편 노르망디로 향한 연합군은 미군이 상륙한 오마바 해변에서만 큰 피해를 입었을 뿐 대체적으로 쉽게 상륙작전에 성공합니다.

"해변을 확보했다. 이제 물자를 들여와서 프랑스 안으로 진격한다."

연합군은 7월 2일까지 인원 약 100만 명, 물자 약 57만 톤, 각종 차량 17만 대 등을 상륙시켜 프랑스 파리를 향해 진격을 시작합니다.

연합군의 노르망디 상륙작전이 성공함에 따라 독일은 서쪽의 연합군과 동쪽의 소련을 동시에 상대해야 하는 상황을 맞이하게 됩니다.

 전쟁 속 무기 이야기 –전격전

독일의 전격전은 연합군만 아니라 소련군까지 겁을 먹게 합니다. 전격전은 1차 세계 대전 때 겪었던 참호전의 악몽을 벗어나기 위해서 독일 장군 하인츠 구데리안이 만들었습니다.

중세의 중기병들이 돌격해서 보병들을 뚫었듯이 새로 발명된 탱크를 이용해서 전선을 뚫는 것을 전격전이라고 합니다.

폭격기가 적의 방어 시설을 공격하고, 보급로를 차단하면 공수부대가 적의 후방에 침투하여 통로를 확보합니다. 그 다음 포병이 모든 화력을 한곳에 집중하죠. 그렇게 해서 뚫린 길을 기갑사단이 뚫고 지나가 공수부대와 만나게 됩니다. 마지막으로 기갑사단이 지나간 뒤를 보병 부대가 남은 적들을 없애고 도시를 점령합니다.

독일은 이 전격전으로 프랑스를 큰 피해 없이 점령할 수 있었습니다.

1941년 모스크바 점령에 실패한 히틀러는 다른 작전을 짜기 시작합니다.

"모스크바보다는 소련 남부 코카서스의 대유전 지대를 점령하여 소련군의 연료를 고갈시키는 동시에 부족한 독일군의 연료 문제도 해결하는 게 낫다."

"말도 안 됩니다. 소련의 힘은 모스크바에서 나옵니다. 모스크바 쪽으로 공격을 집중해야 합니다."

독일의 장군들은 히틀러의 계획에 반대했지만 히틀러는 고집을 꺾지 않았습니다.

"코카서스 지방을 점령해라."

결국 1942년 6월 28일 독일군이 소련 남부를 향해 움직이기 시작합니다.

히틀러는 작전에 참전하여 집단군을 2개로 나누었습니다. 그는 남부 A집단군을 코카서스로 진격하도록 했고, 남부 B집단군을 동쪽으로 진군시켜 볼가 강 연안의 스탈린그라드를 점령하도록 했습니다.

"스탈린그라드를 공격하라."

남부 B집단군 소속 6군단은 스탈린그라드를 공격하기 시작합니다. 스탈린그라드는 소련의 독재자 스탈린의 이름을 딴 공업 도시였습니다. 이곳을 점령하면 볼가 강을 통해 운송되는 전쟁 물자를 막을 수 있었다.

"소련 인민이여. 막아라. 독일군을 막아라."

하지만 금방이라도 점령될 것 같았던 스탈린그라드는 쉽지 않았습니다.

"뭐하고 있느냐? 겨울이 오기 전에 스탈린그라드를 점령해라."

"절대 스탈린그라드를 빼앗기면 안 된다. 모든 물자를 지원해서라도 막아라."

스탈린그라드는 이제 히틀러와 스탈린의 자존심 싸움이 되고 말았다. 독일군과 소련군은 많은 사상자를 내며 스탈린그라드에서 싸워야 했습니다.

"우리가 포위당했다."

한참 스탈린그라드에서 전쟁을 하고 있던 독일 6군은 깜짝 놀랐습니다. 겨울이 다가올 때쯤 독일 6군은 거대한 소련군에 의해 포위되어 있었습니다.

"항복합니다."

결국 포위가 되어 굶주림에 시달리던 독일 6군 30만 명은 항복하고 맙니다.

스탈린그라드 전투의 패배로 독일

1937년 일본이 중일 전쟁을 일으킴
1941년 일본이 태평양전쟁을 일으킴
1945년 일본 항복
1948년 대한민국 건국

은 심각한 타격을 입은 채 소련에서 후퇴하게 되었고, 소련은 이 전투를 통해 더욱 강해졌습니다.

만약 히틀러가 독일 장군들의 말을 들었다면 소련에서 그렇게 허망하게 지지는 않았을 겁니다. 그리고 2차 세계 대전의 결과도 달라졌을지 모릅니다.

맞수 대격돌 — 롬멜 대 몽고메리

"내 생전 롬멜처럼 강한 상대는 본 적이 없었다."

영국 총사령관에 오른 몽고메리 원수는 아프리카 사막에서 싸웠던 롬멜을 떠올리며 회상에 잠겼습니다.

아프리카 전선에서 독일의 동맹국 이탈리아는 영국의 식민지 이집트를 공격하면서 영국과 싸우게 됩니다. 그러나 이탈리아는 영국의 상대가 되지 못했습니다.

"도와주시오."

이탈리아의 무솔리니는 동맹국 히틀러에게 도움을 요청합니다.

"롬멜의 전차군단을 보내겠소."

히틀러는 롬멜의 전차군단을 아프리카로 보냅니다. 롬멜은 서부전선에서 활약한 명장이었습니다.

"영국군을 물리치고 이집트를 점령한다."

아프리카에 도착한 롬멜은 발 빠르게 움직이기 시작했습니다.

"롬멜이 나타났다. 사막의 여우 롬멜이다!!"

롬멜은 가는 곳마다 영국군을 이기기 시작했고, 영국군들은 롬멜이 나타나기만 하면 도망치기 바빴습니다.

"롬멜! 롬멜을 이겨야 한다. 그렇지 않으면 정말 이집트를 독일에게 빼앗긴다."

"몽고메리 장군이라면 롬멜을 이길지 모릅니다."

"그래. 몽고메리 장군이 있었지."

영국의 처칠은 몽고메리 장군을 아프리카로 보냅니다.

"롬멜 장군이 공격해 옵니다."

"기다려라."

"옛?"

"다시 롬멜 군대가 공격해 옵니다."

"기다려라."

몽고메리는 롬멜 장군이 계속 공격함에도 불구하고 전혀 움직일 생각을 하지 않았습니다. 대신 그는 전쟁 물자가 충분히 쌓일 때까지 기다렸습니다. 롬멜의 전쟁 물자가 떨어질 때를 기다면서 말이죠.

"지금이다. 공격하라."

참고 기다리던 몽고메리는 1942년에 엘 알라멩 전투에서 롬멜을 물리치게 됩니다.

"롬멜 장군은 확실히 뛰어난 장군이었어. 하지만 그런 사람을 내가 이겼다는 사실이 중요하지."

마지막 말을 끝낸 몽고메리 장군은 미소를 지어 보였습니다.

소리 없는 전쟁, 냉전

서양사 연대표

연대 \ 국가	서양	한국	동양
B.C 4500	원시 농경·목축 사회	고조선 B.C. 2333년	
B.C. 492 B.C. 448	1장 동·서양 최초의 격돌, 페르시아 전쟁 기원전 492년~기원전 448년		야요이 시대 B.C. 300~A.D. 300
B.C. 431 B.C. 404	2장 그리스의 주인을 가리자! 펠로폰네소스 전쟁 기원전 431년~기원전 404년 아테네에 민주정 부활 기원전 403년 소크라테스 독배를 마심 기원전 399년		
B.C. 334 B.C. 324	3장 대제국을 건설하라! 알렉산더 대왕의 동방 원정 기원전 334년~기원전 324년		
B.C. 264 B.C. 146	4장 알프스 산맥을 넘어라! 한니발의 포에니 전쟁 기원전 264년~기원전 146년 로마 제1회 삼두정치 기원전 60년	고조선과 한나라의 요동 전쟁 B.C. 109~108년 고조선 멸망 B.C. 108년	진(秦)B.C. 221~206년 한(漢)B.C. 206~220년
B.C. 58 B.C. 51	5장 천상천하 로마독존, 카이사르의 갈리아 전쟁 기원전 58년~기원전 51년	백제 B.C. 18 고구려 B.C. 37 신라 B.C. 57	위촉오 삼국(三國)시대 220~265년
		백제 멸망 660년 고구려 멸망 668년 신라 삼국통일 671년 발해 698~926년	아스카 시대 A.D. 300~710년 나라 시대 710~794년 헤이안 시대 794~1185년
		고려 건국 918년 통일신라 멸망 935년 고려와 거란의 전쟁 993~1019년	
A.D. 1096	6장 성지 예루살렘을 사수하라! 중세의 성립과 십자군 전쟁 1096년~1270년		남송(南宋) 1127~1279년 금(金) 1115~1234년 가마쿠라 중세시대 1185~1333년
1270		고려의 대몽항쟁 1231~1270년	원(元) 1279~1368년 무로마치 시대 1333~1573년
	프랑스 바로아 왕조 시작 1328~1497년		
1337 1453	7장 유럽 대륙을 향한 야욕, 프랑스와 영국의 백년 전쟁 1337년~1453년	고려 멸망, 조선 건국 1392년	명(明) 1368~1644년
	영국 장미전쟁 1455~1485년		아즈치모모야마 근세시대 1568~1600년
1587 1588	8장 여왕 엘리자베스 1세, 무적함대를 꺾다. 영국과 스페인의 전쟁 1587년~1588년		

연대 \ 국가	서양	한국	동양
	프랑스 부르봉 왕조 시작 1589~1830년	임진왜란 1592~1598년	에도 시대 1600~1868년
1618 1648	9장 종교의 자유를 향한 피도 눈물도 없는 싸움, 유럽의 30년 전쟁 1618년~1648년	병자호란 1636~1637년	청 1644~1840년
	영국 공화정 선포 1649년		
1688 1762	10장 북아메리카에서의 재대결, 영국-프랑스 식민지 전쟁 1688년~1762년	영조 탕평책 확립 1724년	
	러시아-투르크 전쟁 시작 1768~1774년		
1775	11장 민주주의의 초석을 다지다. 미국 독립 전쟁 1775년~1783년		
1783	베르사유 조약과 파리 조약 체결 1783년		
1789 1794	12장 민초들의 위대한 저항, 프랑스 대혁명 1789년~1794년		
	러시아-페르시아 전쟁 1796~1797년	수원 화성 준공 1796년	
1797 1815	13장 다시 타오르는 세계 정복의 야망, 나폴레옹 전쟁 1797년~1815년	홍경래의 난 1811년 목민심서 완성 1818년	
	크림전쟁 1853~1856년		
1861 1865	14장 떠오르는 태양 북부와 지는 별 남부의 혈전, 미국 남북전쟁 1861년~1865년	김정호 대동여지도 완성 1861년	
	프로이센-오스트리아 전쟁, 프라하 조약 1866년		메이지 근대시대 1868~1912년
1870 1871	15장 독일을 통일하라! 철혈재상 비스마르크의 보불전쟁 1870년~1871년	강화도 조약 체결 1876년	
	베를린 회의 1884년, 청불 전쟁 1884~1885년 제1회 헤이그 국제평화회의 1899년 영국 벵골분할령 1905년	대한제국 선포 1898~1948년	청일 전쟁 1894~1895년
1914 1918	16장 참혹한 살육의 제국주의 시대, 1차 세계 대전 1914년~1918년		러일전쟁 1904~1905년 다이쇼 시대 1912~1926년
	세계대공황 1929년		
1939 1945	17장 세계 최대 비극의 전쟁사, 2차 세계 대전 1939년~1945년	대한민국 정부 수립 1948년 8월 15일	중일 전쟁 1935~1945년 제1차 베트남 전쟁 1946~1954년
		한국전쟁 1950~1953년	
			제2차 베트남 전쟁 1960~1975년